edition suhrkamp

Redaktion: Günther Busch

Theodor W. Adorno, geboren am 11. September 1903 in Frankfurt am Main, gestorben am 6. August 1969, lehrte in Frankfurt als ordentlicher Professor für Philosophie und Direktor des Instituts für Sozialforschung an der Johann Wolfgang Goethe-Universität. Schriften: *Kierkegaard; Philosophie der neuen Musik; Minima Moralia; Versuch über Wagner; Prismen; Dissonanzen; Zur Metakritik der Erkenntnistheorie; Noten zur Literatur* I, II und III; *Klangfiguren; Mahler; Einleitung in die Musiksoziologie; Der getreue Korrepetitor; Eingriffe; Drei Studien zu Hegel; Quasi una fantasia; Moments musicaux; Jargon der Eigentlichkeit; Negative Dialektik; Ohne Leitbild; Impromptus; Stichworte; Ästhetische Theorie; Dialektik der Aufklärung* (gemeinsam mit Max Horkheimer).

In den Bänden *Eingriffe* und *Stichworte* vereinigte Adorno Modelle von Gesellschafts- und Kulturkritik; der vorliegende Band stellt ihre Fortsetzung dar. Er umfaßt Arbeit, die zwischen 1950, unmittelbar nach Adornos Rückkehr aus der Emigration, und 1969, seinem Todesjahr, entstanden und bislang nicht in Buchform erschienen sind. Sie reichen von der wissenschaftlichen Abhandlung über den Essay und den frei gehaltenen Vortrag bis zum direkten politischen Appell. Im Mittelpunkt aller Texte steht die Frage nach dem Verhältnis von Individuum und Gesellschaft heute.

Theodor W. Adorno
Kritik. Kleine Schriften zur Gesellschaft

Suhrkamp Verlag

Herausgegeben von Rolf Tiedemann

edition suhrkamp 469
Erste Auflage 1971
 Satz, in Linotype Garamond, Druck und Bindung: Nomos Verlagsgesellschaft, Baden-Baden. Gesamtausstattung Willy Fleckhaus.

4 5 6 7 8 9 – 90 89 88 87 86 85

Inhalt

Vorbemerkung des Herausgebers

Erwägungen, die eingreifen, praktisch verändern wollen, sind der Philosophie Adornos wesentlich; nicht deren bloße Anwendung. So beharrlich er sich weigerte, Praxis zum Kriterium der Theorie zu machen, so wenig hat er doch darauf verzichtet, zu aktuellen Fragen öffentlich und unmißverständlich Stellung zu nehmen. Im Mittelpunkt der Texte des vorliegenden Bandes steht das Verhältnis von Individuum und Gesellschaft: die Möglichkeit von Spontaneität unter den Bedingungen des Spätkapitalismus, der radikaler Theorie den Übergang in politische Praxis zu verwehren und damit jene selber zu deformieren droht. Nicht Unzulänglichkeiten der denkenden Subjekte bekunden sich in der objektiven Ohnmacht von Theorie heute, sie ist der Ausdruck der gegenwärtigen Stellung des Gedankens zur Objektivität. Die Einheit von Theorie und Praxis steht bei keiner bloßen Dezision, illusionslos hat Adornos Denken darüber sich nichts vorgemacht. Es wirkte am nachhaltigsten, wo es auf Wirkung keine Rücksicht nahm. Dennoch wären auch Adornos Versuche, die uneingelösten Versprechen der sozialen Demokratie beim Wort zu nehmen, systemimmanente Veränderungen zu bewirken, nicht als reformistisch abzutun; Reformismus ist keine historische Invariante. »In einem geschichtlichen Augenblick, da allerorten Praxis abgeschnitten dünkt, mögen selbst armselige Reformen mehr Recht annehmen, als ihnen an sich gebührt.« Während ein Aktionismus, der Spontaneität erschleicht und fetischisiert, vorm Rückfall in geschichtsfremden Idealismus nicht gefeit ist, bleibt die Philosophie Adornos durch unbeirrte Reflexion auf den geschichtlichen Augenblick, auf das jetzt und hier objektiv Mögliche materialistisch legitimiert. Daß das Ganze das Unwahre sei, wird allzu gründlich von jenen zugeeignet, die mit einem Zauberschlag oder Gewaltstreich es wenden wollen. Den Primat des Objekts, wie der historische Materialismus ihn lehrt, hätte verändernde Praxis nicht weniger als die Theorie zu achten. Wo jene aus der Geschichte herauszuspringen unternimmt, der Geschichtszeichen nicht länger zu bedürfen glaubt, streicht sie sich selber durch. Aktivität wird zur Pseudo-Aktivität, wenn sie nicht mehr an der Realität sich abarbeitet. Das Individuum, das blind anarchistisch gegen die Mauern anrennt, bezeugt keine Spontaneität, es hat wahrhaft resigniert. »Spontaneität, welche die Bedürftigkeit des Objekts innervierte, müßte an die anfälligen Stellen der verhärteten Realität sich heften, an die, wo die Brüche nach außen kommen, die der Druck der Verhärtung bewirkt.« Theoriefeindliche Praxis regrediert notwendig in Praktizismus. Einheit von Theorie und Praxis läßt nicht durch Abstraktion von einem von beiden sich erkaufen. Dem herrschenden Defätismus der Vernunft entspricht eine defätistische Praxis, sie befördert nicht den Sozialismus, sondern ratifiziert nur, was die geschlossene Gesellschaft konkret besorgt: die Allmacht des falschen Ganzen. An der Zeit ist eine Theorie, die die einzelnen Bruchstellen markiert, auch ohne die Umwälzung des Ganzen schon absehen zu können. Marx bestand darauf, daß die Theorie des Klassenkampfes Teil des Klassenkampfes sei; Adornos Satz: »Denken ist Tun, Theorie eine Gestalt von Praxis«, besagt nichts anderes. Zuzeiten bilden die Vermittlungen der Kritik die wahre Praxis gegenüber dem unmittelbaren Tun.

In den Bänden *Eingriffe* und *Stichworte* vereinigte Adorno Modelle seines Begriffs von Gesellschafts- und Kulturkritik, der vorliegende Band stellt in mancher Hinsicht ihre Fortsetzung dar. Er umfaßt Arbeiten, die zwischen 1950, nach Adornos Rückkehr aus der Emigration, und 1969, seinem Todesjahr, entstanden und bislang nicht in Buchform erschienen sind. Sie reichen von der wissenschaftlichen Abhandlung über den Essay und den frei gehaltenen Vortrag bis zum direkten politischen Appell. Anders als die sachlich gegliederten *Eingriffe* und *Stichworte* wurden die Arbeiten des Bandes chronologisch nach dem Entstehungsdatum angeordnet, lediglich der Titelaufsatz blieb außerhalb der Chronologie. Adornos Selbstkritik hat vor allem die älteren Arbeiten des Bandes nicht verschont: *Auferstehung der Kultur in Deutschland?* und *Individuum und Organisation* etwa befriedigten ihn nicht recht mehr, obwohl er auf die letztere noch in der *Ästhetischen Theorie* sich bezog. Der *Offene Brief an Rolf Hochhuth* sollte in einen vierten Band der *Noten zur Literatur* aufgenommen werden. *Kritik* und *Resignation* schließlich sind Texte, an die ein weiterer Band der *Kritischen Modelle* sich ankristallisiert hätte. So ist denn an der Zusammenstellung dieses Bandes das historische Interesse nicht unbeteiligt gewesen. Daß er keinem nur historistischen dient, verbürgt jener Impuls des Adornoschen Denkens, der die Kritik, die es übt, in nicht minderem Maß auch provozieren wollte.

Januar 1971

Kritik

Über Kritik in ihrem Zusammenhang mit Politik soll einiges gesagt werden. Da jedoch Politik keine in sich geschlossene, abgedichtete Sphäre ist, wie sie etwa in politischen Institutionen, Prozeduren und Verfahrensregeln sich manifestiert, sondern begriffen werden kann nur in ihrem Verhältnis zu dem Kräftespiel der Gesellschaft, das die Substanz alles Politischen ausmacht und das von politischen Oberflächenphänomenen verhüllt wird, so ist auch der Begriff der Kritik nicht auf den engeren politischen Bereich zu beschränken.

Kritik ist aller Demokratie wesentlich. Nicht nur verlangt Demokratie Freiheit zur Kritik und bedarf kritischer Impulse. Sie wird durch Kritik geradezu definiert. Man mag das historisch einfach daran sich vergegenwärtigen, daß die Konzeption der Gewaltenteilung, auf der von Locke über Montesquieu und die amerikanische Verfassung bis heute alle Demokratie beruht, an Kritik ihren Lebensnerv hat. Das system of checks and balances, die wechselseitige Kontrolle der Exekutive, der Legislative und der Judikatur, sagt so viel, wie daß jeweils die eine dieser Gewalten an der anderen Kritik übt und dadurch die Willkür einschränkt, zu der eine jegliche, ohne jenes kritische Element, tendiert. Mit der Voraussetzung von Demokratie, Mündigkeit, gehört Kritik zusammen. Mündig ist der, der für sich selbst spricht, weil er für sich selbst gedacht hat und nicht bloß nachredet; der nicht bevormundet wird. Das erweist sich aber in der Kraft zum Widerstand gegen vorgegebene Meinungen und, in eins damit, auch gegen nun einmal vorhandene Institutionen, gegen alles bloß Gesetzte, das mit seinem Dasein sich rechtfertigt. Solcher Widerstand, als Vermögen der Unterscheidung des Erkannten und des bloß konventionell oder unter Autoritätszwang Hingenommenen, ist eins mit Kritik, deren Begriff ja vom griechischen krino, Entscheiden, herrührt. Wenig übertreibt, wer den neuzeitlichen Begriff der Vernunft mit Kritik gleichsetzt. Der Aufklärer Kant, der die Gesellschaft aus ihrer selbstverschuldeten Unmündigkeit befreit sehen wollte, und der Autonomie, also Urteil nach eigener Einsicht im Gegensatz zur Heteronomie, zum Gehorsam gegen fremd Anbefohlenes lehrte, hat seine drei Hauptwerke Kritiken genannt. Das galt nicht nur den geistigen Vermögen, deren Grenzen abzumessen und deren Verfahren er zu konstruieren vorhatte. Die Gewalt Kants, so wie etwa Kleist noch lebendig sie verspürte, war die von Kritik in sehr konkretem Sinn. Er kritisierte den Dogmatismus der vor ihm akzeptierten rationalistischen Systeme: Kritik der reinen Vernunft war vor allem anderen schneidende Kritik an Leibniz und Wolff. Kants Hauptwerk wirkte durch seine negativen Ergebnisse, und einer seiner wichtigsten Teile, der sich mit den Grenzüberschreitungen reinen Denkens beschäftigte, war negativ durchaus.

Aber Kritik, Grundstück von Vernunft und bürgerlichem Denken überhaupt, beherrschte keineswegs so sehr den Geist, wie man nach dessen Selbstverständnis annehmen sollte. Sogar der Alleszerschmetterer, wie man vor zweihundert Jahren Kant nannte, zeigte oft die Gebärde dessen, der Kritik als ungebührlich tadelt. In seinem Vokabular zeigt sich das an, etwa durch gehässige Worte wie »Vernünfteln«, die nicht nur Grenzüberschreitungen der Vernunft ahnden, sondern ihren Gebrauch zügeln möchten, der, nach Kants eigener Einsicht, unwiderstehlich auf jene Grenzüberschreitungen drängt. Vollends Hegel, in dem die mit Kant anhebende Bewegung kulminiert, und der an vielen Stellen Denken überhaupt der Negativität und damit der Kritik gleichsetzt, hat parallel die entgegengesetzte Tendenz: Kritik stillzustellen. Wer auf die beschränkte Tätigkeit des eigenen Verstandes sich verläßt, heißt bei ihm mit einem politischen Schimpfwort Raisonneur; er bezichtigt ihn der Eitelkeit, weil er nicht auf die eigene Endlichkeit sich besinne, unfähig, einem Höheren, der Totalität, begreifend sich unterzuordnen. Dies Höhere aber ist bei ihm das Bestehende. Hegels Abneigung gegen Kritik geht zusammen mit seiner These, das Wirkliche sei vernünftig. Der ist, nach Hegels autoritärer Weisung, seiner Vernunft wahrhaft mächtig, der nicht bei ihrem Gegensatz zu Bestehendem, Seiendem verharrt, sondern darin die eigene Vernunft wiederfindet. Der einzelne Bürger soll vor der Wirklichkeit kapitulieren. Verzicht auf Kritik wird in höhere Weisheit umgebogen; die Formel des jungen Marx von der rücksichtslosen Kritik alles Bestehenden war die einfache Antwort darauf, und noch der reife gab seinem Hauptwerk den Untertitel einer Kritik.

Der Gehalt jener Stellen Hegels, zumal des Buches, in dem die antikritische Tendenz bei ihm sich zusammenfaßt, der Rechtsphilosophie, ist gesellschaftlich. Man muß nicht Soziologe sein, um aus dem Spott gegen den Raisonneur und Weltverbesserer die salbungsvolle Predigt herauszuhören, die den Untertan zur Ruhe verhält, der aus einer Dummheit heraus, an deren Änderung seinem Vormund offenbar nichts gelegen ist, die über ihn ergehenden Ratschlüsse der Obrigkeit mißbilligt, unfähig zu erkennen, daß alles schließlich zu seinem Besten ist und geschieht, und daß jene, die im Leben ihm übergeordnet sind, auch geistig ihm überlegen sein sollen. Etwas von dem Widerspruch zwischen der neuzeitlichen Emanzipation des kritischen Geistes und seiner gleichzeitigen Dämpfung ist gesamtbürgerlich: von einer frühen Phase an mußte das Bürgertum fürchten, die Konsequenz seiner eigenen Prinzipien könne über seine eigene Interessenlage hinaustreiben. Widersprüche dieser Art hat Habermas an der öffentlichen Meinung – dem wichtigsten Medium aller politisch wirksamen Kritik – dargetan, die einerseits die kritische Mündigkeit der gesellschaftlichen Subjekte zusammenfassen soll, andererseits zur Ware geworden ist und dem kritischen Prinzip entgegenarbeitet, um sich besser zu verkaufen.

Man vergißt leicht in Deutschland, daß Kritik, als zentrales

Motiv des Geistes, nirgends in der Welt gar zu beliebt ist. Aber man hat Grund, bei Kritikfeindschaft zumal im politischen Bereich auch an spezifisch Deutsches zu denken. Die volle bürgerliche Befreiung ist in Deutschland nicht gelungen oder erst in einer Phase, an der ihre Voraussetzung, der Liberalismus des zerstreuten Unternehmertums, ausgehöhlt war. Ebenso hinkte die nationalstaatliche Einigung, in vielen anderen Ländern parallel mit der Erstarkung des Bürgertums erreicht, hinter der Geschichte her und wurde zum kurzfristigen Intermezzo. Das mag das deutsche Einheits- und Einigkeitstrauma verursacht haben, das in jener Vielheit, deren Resultante demokratische Willensbildung ist, Schwäche wittert. Wer kritisiert, vergeht sich gegen das Einheitstabu, das auf totalitäre Organisation hinauswill. Der Kritiker wird zum Spalter und, mit einer totalitären Phrase, zum Diversionisten. Die Denunziation des angeblichen Parteiengezänks war als nationalsozialistisches Propagandamittel unentbehrlich. Das Einheitstrauma hat Hitler überlebt, womöglich durch die Teilung Deutschlands nach dem von Hitler entfesselten Krieg sich noch gesteigert. Es ist eine Trivialität, daß Demokratie in Deutschland verspätet kam. Weniger allgemein bewußt jedoch dürfte sein, daß diese Verspätung bis in geistige Verzweigungen hinein ihre Folgen hatte. Unter den Schwierigkeiten, welche Demokratie in Deutschland findet, um das souveräne Volk zu durchdringen, ist, neben den ökonomischen und unmittelbar gesellschaftlichen, nicht unerheblich auch die, daß vordemokratische und undemokratische Bewußtseinsformen, insbesondere solche, die von Etatismus und Obrigkeitsdenken herstammen, inmitten der plötzlich eingeführten Demokratie sich erhalten und die Menschen daran verhindern, diese zu ihrer eigenen Sache zu machen. Eine solche zurückgebliebene Verhaltensweise ist das Mißtrauen gegen Kritik und die Neigung, sie unter welchem Vorwand auch immer abzuwürgen. Daß Goebbels den Begriff des Kritikers zu dem des Kritikasters erniedrigen und mit dem des Meckerers hämisch zusammenbringen konnte, und daß er die Kritik jeglicher Kunst verbieten wollte, sollte nicht nur freie geistige Regungen gängeln. Der Propagandist kalkulierte sozialpsychologisch. Er konnte anknüpfen an das deutsche Vorurteil gegen Kritik allgemein, wie es aus dem Absolutismus stammte. Er sprach den Gegängelten aus der Seele.

Wollte man eine Anatomie der deutschen Kritikfeindschaft entwerfen, so fände man sie fraglos mit der Rancune gegen den Intellektuellen verbunden. Wahrscheinlich wird in der öffentlichen oder, nach Franz Böhms Ausdruck, der nichtöffentlichen Meinung der beargwöhnte Intellektuelle mit dem Kritisierenden gleichgesetzt. Die Herkunft des Anti-Intellektualismus vom obrigkeitsstaatlichen Denken leuchtet ein. Kritik, so wird immer wieder vorgebetet, soll verantwortlich sein. Das läuft aber darauf hinaus, daß zu ihr eigentlich nur diejenigen berechtigt seien, die in verantwortlicher Position sich befinden, so wie ja auch der Anti-Intellektualismus an beamteten Intellektuellen wie den Professoren bis vor kurzem seine Grenze hatte. Der Materie ihrer Arbeit nach müßten Professoren zu den Intellektuellen gerechnet werden. Im allgemeinen jedoch wurden sie wegen ihres amtlichen, offiziellen Prestiges von der etablierten öffentlichen Meinung hoch eingeschätzt, solange nicht Konflikte mit den Studenten ihrer realen Ohnmacht sie überführten. Kritik wird gleichsam departementalisiert. Aus einem Menschenrecht und einer Menschenpflicht des Bürgers wird sie zum Privileg derer gemacht, die durch ihre anerkannte und geschützte Stellung sich qualifizieren. Wer Kritik übt, ohne die Macht zu haben, seine Meinung durchzusetzen, und ohne sich selbst der öffentlichen Hierarchie einzugliedern, der soll schweigen – das ist die Gestalt, in der das Cliché vom beschränkten Untertanenverstand variiert im Deutschland formaler Gleichberechtigung wiederkehrt. Offensichtlich werden Menschen, die mit bestehenden Zuständen institutionell verflochten sind, im allgemeinen zögern, an diesen Zuständen Kritik zu üben.

Mehr noch als verwaltungsrechtliche Konflikte fürchten sie solche mit den Meinungen der eigenen Gruppe. Durch die Teilung zwischen verantwortlicher Kritik, als der von solchen, die öffentliche Verantwortung tragen, und unverantwortlicher, nämlich der, die solche üben, die man für die Konsequenzen nicht zur Rechenschaft ziehen kann, wird vorweg Kritik neutralisiert. Die unausdrückliche Aberkennung des kritischen Rechts denen gegenüber, die keine Position innehaben, macht das Bildungsprivileg, zumal die durch Examina eingehegte Karriere zur Instanz dafür, wer kritiseren darf, während diese Instanz allein der Wahrheitsgehalt der Kritik sein dürfte. All das ist unausdrücklich und nicht institutionell verankert, aber so tief im Vorbewußten Ungezählter vorhanden, daß eine Art sozialer Kontrolle davon ausgeht. In den letzten Jahren hat es nicht an Fällen gefehlt, wo Menschen, die außerhalb der Hierarchie, die übrigens im Zeitalter der Prominenz keineswegs mehr auf die Beamteten sich beschränkt, Kritik übten, etwa an den juristischen Praktiken in einer bestimmten Stadt. Sogleich wurden sie als Querulanten abgefertigt. Nicht genügt demgegenüber der Hinweis auf die Mechanismen, die in Deutschland den individualistisch Unabhängigen, Dissentierenden als Narren verdächtig machen. Der Sachverhalt wiegt noch viel schwerer: durch die antikritische Struktur des öffentlichen Bewußtseins wird der Typus des Dissentierenden *wirklich* in die Situation des Querulanten gebracht und nimmt querulantenhafte Züge an, wofern sie ihn nicht schon zur hartnäckigen Kritik trieben; unbeirrte kritische Freiheit geht durch die eigene Dynamik leicht in die Haltung des Michael Kohlhaas über, der nicht umsonst ein Deutscher war. Eine der wichtigsten Bedingungen für die Veränderung der Struktur öffentlicher Meinung in Deutschland wäre, daß die Sachverhalte, auf die ich hindeutete, allgemein bewußt, etwa schon im politischen Unterricht behandelt würden und dadurch etwas von ihrer verhängnisvoll blinden Gewalt verlören. Zuweilen erscheint das Verhältnis der deutschen öffentlichen Meinung zur Kritik geradezu auf den Kopf gestellt. Das Recht auf freie Kritik wird einseitig zugunsten derer angerufen, die dem kritischen Geist einer demokratischen Gesellschaft opponieren. Die Wachsamkeit jedoch, die gegen solchen Mißbrauch rebelliert, fordert eben jene Stärke der öffentlichen Meinung, an der es in Deutschland nach wie vor gebricht, und die kaum durch bloßen Appell herzustellen ist.

Bezeichnend für das verbogene Verhältnis der öffentlichen Meinung zur Kritik ist die Attitüde auch solcher ihrer Organe, die auf eine freiheitliche Tradition sich berufen. Manche Zeitungen, die keineswegs für reaktionär gelten möchten, befleißigen sich eines Tons, den man in Amerika, wo es an Analogem nicht fehlt, mit pontifical bezeichnet. Sie sprechen, als stünden sie über den Kontroversen, posieren eine Abgeklärtheit, der der Name des Tantenhaften anstünde. Ihre distanzierte Überlegenheit kommt aber meist nur der Verteidigung des Offiziellen zugute. Der Macht wird allenfalls wohlweise zugeredet, sich in ihren guten Absichten nicht beirren zu lassen. Die Sprache solcher Zeitungen klingt an die von Regierungsverlautbarungen an, selbst wo gar nichts von Regierungs wegen verlautbart wird. Hinter der pontifikalen Haltung steht die autoritätsgebundene: sowohl bei denen, welche sie einnehmen, wie bei den Konsumenten, auf die man es klug abgesehen hat. Nach wie vor waltet in Deutschland Identifikation mit der Macht; darin lauert das gefährliche Potential, mit Machtpolitik nach innen und außen sich zu identifizieren. Die Vorsicht bei der Reform von Einrichtungen, die vom kritischen Bewußtsein verlangt und in erheblichem Maß von der Exekutive eingesehen ist, basiert auf der Angst vor den Wählermassen; diese Angst macht Kritik leicht folgenlos. Sie deutet zugleich darauf hin, wie weit der antikritische Geist bei jenen verbreitet ist, deren Interesse das an Kritik wäre.

Die Folgenlosigkeit von Kritik hat in Deutschland ein spezifisches Modell, vermutlich militärischen Ursprungs: die Tendenz, Untergebene, denen Mißstände oder Verstöße angekreidet werden, um jeden Preis zu decken. In militärischen Hierarchien mag das unterdrückende Moment solchen Korpsgeists allerorten zu finden sein; irre ich mich jedoch nicht, so ist es spezifisch deutsch, daß dies militärische Verhaltensschema auch die zivilen, zumal die spezifisch politischen Bereiche durchherrscht. Man wird das Gefühl nicht los, als ob auf jede öffentliche Kritik die dem Kritisierten übergeordneten Instanzen, die letztlich die Verantwortung tragen, zunächst einmal, gleichgültig gegen den Sachverhalt, für den Kritisierten eintreten und nach außen schlagen. Dieser Mechanismus, den die Soziologie einmal gründlich studieren sollte, ist so eingeschliffen, daß er politische Kritik vorweg mit einem ähnlichen Schicksal bedroht, wie es in Wilhelminischen Zeiten dem Soldaten beschieden war, der über seinen Vorgesetzten sich zu beklagen wagte. Die Rancune gegen die Institution des Wehrbeauftragten ist symbolisch für die gesamte Sphäre.

Vielleicht wird das beschädigte deutsche Verhältnis zur Kritik an ihrer Folgenlosigkeit am faßlichsten. Wenn Deutschland sich den Namen des Landes der unbegrenzten Zumutbarkeiten verdiente, den Ulrich Sonnemann formulierte, so hängt das damit zusammen. Eine Phrase mag es sein, daß jemand vom Druck der öffentlichen Meinung weggefegt worden sei; schlimmer indessen als die Phrase ist es, wenn weder eine öffentliche Meinung sich formiert, die jenen Druck ausübte, noch, wo es doch geschieht, Konsequenzen gezogen würden. Ein Thema der politischen Wissenschaft wären Forschungen über die Folgen öffentlicher Meinung, nichtbeamteter Kritik in den alten Demokratien England, Frankreich, Amerika im Vergleich zu denen in Deutschland. Ich wage nicht das Resultat einer solchen Untersuchung zu antezipieren, aber ich kann es mir vorstellen. Wird, als auf die eine Ausnahme, auf die Spiegelaffäre verwiesen, so ist zu bedenken, daß in jenem Fall die protestierenden Zeitungen, Träger der öffentlichen Meinung, ihre seltene Verve an den Tag legten nicht aus Solidarität mit der Freiheit zur Kritik und ihrer Voraussetzung, der unbehinderten Information, sondern weil sie in ihren eigenen handgreiflichen Interessen, dem news value, dem Marktwert von Informationen sich bedroht sahen. Ansätze wirksamer öffentlicher Kritik in Deutschland unterschätze ich nicht. Zu ihnen gehört der Sturz eines rechtsradikalen Kultusministers in einem Bundesland. Doch ist zu bezweifeln, ob heute, nachdem nirgendwo mehr jene Solidarität zwischen Studenten und Professoren besteht wie damals in Göttingen, Ähnliches noch sich ereignen könnte. Mir will es scheinen, als ob der Geist öffentlicher Kritik, seitdem er von politischen Gruppen monopolisiert und dadurch öffentlich kompromittiert wurde, empfindliche Rückschläge erlitten hätte; hoffentlich täusche ich mich.

Wesentlich deutsch, obwohl wiederum nicht so durchaus, wie leicht der annimmt, der nicht Analoges in anderen Ländern zu beobachten Gelegenheit hatte, ist ein antikritisches Schema, das aus der Philosophie, eben jener, die den Raisonneur anschwärzte, ins Gewäsch herabsank: die Anrufung des Positiven. Stets wieder findet man dem Wort Kritik, wenn es denn durchaus toleriert werden soll, oder wenn man gar selber kritisch agiert, das Wort konstruktiv beigesellt. Unterstellt wird, daß nur der Kritik üben könne, der etwas Besseres anstelle des Kritisierten vorzuschlagen habe; in der Ästhetik hat Lessing vor zweihundert Jahren darüber gespottet. Durch die Auflage des Positiven wird Kritik von vornherein gezähmt und um ihre Vehemenz gebracht. Bei Gottfried Keller gibt es eine Stelle, an der er die Forderung nach dem Aufbauenden ein Lebkuchenwort nennt. Viel sei schon gewonnen, so etwa argumentiert er, wenn dort, wo ein schlechtes Gewordenes Licht und Luft versperre, der Muff weggeräumt würde. Tatsächlich ist es keineswegs stets möglich, der Kritik die unmittelbare praktische Empfehlung des Besseren beizugeben, obwohl vielfach Kritik derart verfahren kann, indem sie Wirklichkeiten mit den Normen konfrontiert, auf welche jene

Wirklichkeiten sich berufen: die Normen zu befolgen, wäre schon das Bessere. Das Wort positiv, gegen das vor Jahrzehnten nicht nur Karl Kraus sondern auch ein so wenig radikaler Schriftsteller wie Erich Kästner polemisierte, ist mittlerweile in Deutschland magisiert worden. Es schnappt automatisch ein. Man mag seine Fragwürdigkeit daran erkennen, daß in der gegenwärtigen Situation die höhere Form, auf welche nach progressiver Konzeption die Gesellschaft sich hinbewegen sollte, nicht mehr als Tendenz aus der Wirklichkeit konkret herauszulesen ist. Wollte man darum auf Kritik der Gesellschaft verzichten, so befestigte man sie nur in eben jenem Fragwürdigen, das den Übergang zu einer höheren Form verhindert. Die objektive Verstelltheit des Besseren betrifft nicht abstrakt das große Ganze. In jedem Einzelphänomen, das man kritisert, stößt man rasch auf jene Grenze. Das Verlangen nach positiven Vorschlägen wird immer wieder unerfüllbar, und darum Kritik desto bequemer diffamiert. Genügen mag der Hinweis darauf, daß sozialpsychologisch die Versessenheit aufs Positive ein Deckbild des unter dünner Hülle wirksamen Destruktionstriebs ist. Die am meisten vom Positiven reden, sind einig mit zerstörender Gewalt. Der kollektive Zwang zu einer Positivität, welche unmittelbare Umsetzung in Praxis erlaubt, hat mittlerweile gerade die erfaßt, die sich in schroffstem Gegensatz zur Gesellschaft meinen. Nicht zuletzt dadurch ordnet ihr Aktionismus dem herrschenden gesellschaftlichen Trend so sehr sich ein. Dem entgegenzusetzen wäre, in Variation eines berühmten Satzes von Spinoza, daß das Falsche, einmal bestimmt erkannt und präzisiert, bereits Index des Richtigen, Besseren ist.

1969

Auferstehung der Kultur in Deutschland?

Der Intellektuelle, der nach langen Jahren der Emigration Deutschland wiedersieht, ist zunächst von dem geistigen Klima überrascht. Draußen hat sich die Vorstellung gebildet, als hätte das barbarische Hitler-Regime Barbarei hinterlassen. Unterm Terror nahm jeglicher Geist vorweg etwas Umstürzlerisches an. Denn er beanspruchte im Angesicht der übermächtigen Ordnung durch sein bloßes Dasein eine Selbständigkeit, die kein totalitäres Regime dulden kann. Weiterhin erwartet man, daß der nackte Zwang zur Selbsterhaltung während des Krieges und der ersten Jahre danach dem Bewußtsein das Gleiche antat, was den Städten durch die Bomben widerfuhr. Man setzt Stumpfheit, Unbildung, zynisches Mißtrauen gegen jegliches Geistige voraus. Hat sich doch die offizielle Ideologie des nationalsozialistischen Regimes als Lüge allen enthüllt; die Weimarer Republik aber hatte eben damit ihre Ohnmacht bewiesen, daß sie es nicht vermocht hatte, die Massen zu ergreifen und zum Widerstand gegen das heraufziehende Unheil zu erwecken. Es ist also, so schließt man, nichts da. Man rechnet mit dem Abbau von Kultur, dem Verschwinden der Teilnahme an dem, was über die tägliche Sorge hinausgeht.
Davon kann aber keine Rede sein. Die Beziehung zu geistigen Dingen, im allerweitesten Sinne verstanden, ist stark. Mir will sie größer erscheinen als in den Jahren vor der nationalsozialistischen Machtergreifung. Damals verdrängten die machtpolitischen Kämpfe alles andere. Zugleich besetzte eine industriell hergestellte und gelieferte Massenkultur die Freizeit und enteignete das Bewußtsein der einzelnen. Heute ist das politische Interesse erschlafft, während der verwaltete Kulturbetrieb die Menschen noch nicht wieder ganz eingespannt hat. Sie sind auf sich selbst und die eigene Überlegung zurückge-

worfen. Sie stehen gleichsam unter dem Zwang zur Verinnerlichung. Daher die intellektuelle Leidenschaft.
Wenn ich von dem Erfahrungskreis reden darf, in den ich versetzt wurde, von der Arbeit an der Universität, dann darf ich eine leidenschaftliche Teilnahme der Studenten an den sachlichen Fragen feststellen, die den Lehrer beglücken muß. Insbesondere hat sich die Meinung als irrig herausgestellt, der auf rasches berufliches Fortkommen bedachte Examensstudent herrsche vor. Die Studenten der Philosophie und der Sozialwissenschaften, mit denen ich umgehe, zeigen das äußerste Interesse an praktisch unverwertbaren Problemen. Die schwere materielle Bedrängnis, in der die meisten leben, hat darauf kaum Einfluß. Unterscheidungen äußerster Subtilität, etwa in der Auslegung des Sinnes der Kantischen Erkenntnistheorie, finden überschwengliche Mitarbeit; übrigens erscheint die geistige Energie durchweg merkwürdig auf Fragen der Deutung und Auslegung bestehender Gebilde, Dichtungen oder Philosophien, verlagert. Die jungen Menschen machen durchweg den Eindruck, sie seien frei von den Gedanken an die tägliche Misere und überließen sich selbstvergessen und glücklich der Möglichkeit, sich ohne Zwang und Reglementierung, wenn auch ohne viel Hoffnung auf äußeren Erfolg, mit dem zu befassen, was ihnen am Herzen liegt. Man kommt sich zuweilen vor, als wäre man hundertfünfzig Jahre zurückversetzt, in die Zeit der Frühromantik, als man ein so unpopuläres Buch wie die Wissenschaftslehre Fichtes allgemein zu den großen Ereignissen des Zeitalters rechnete, und als die Einzelwissenschaften sich bis ins Innerste bewegt zeigten von den Motiven der großen spekulativen Systeme. Selbst geistige Formen wie das unersättlich sich versenkende Gespräch, die längst vergangen dünkten und in der Welt fast vergangen sind, leben wieder auf. Wenn meine Beobachtung mich nicht trügt, dann beschränkt sich das keineswegs bloß auf die mit Philosophie umgehenden Studenten oder die sogenannte intellektuelle Elite. Man stellt das Gleiche

etwa an technischen Hochschulen ebenso eindeutig fest wie in der humanistischen Atmosphäre. Es handelt sich bei solcher angespannten Vergeistigung überhaupt nicht um eine akademische oder auf die Jugend beschränkte, sondern um eine allgemeine Erscheinung. Der Ernst, mit dem in privatem Kreise literarische Neuerscheinungen besprochen werden, wäre vor zwanzig Jahren kaum vorstellbar gewesen. Er berührt um so stärker, je weniger oft das Diskutierte, das, was gerade da ist, der Qualität nach auf solchen Ernst Anrecht hätte.

Es fällt so wenig schwer, dergleichen Beobachtungen sich zurechtzulegen, wie es umgekehrt dem gesunden Menschenverstand nicht schwer fiele, sich intellektuelle Gleichgültigkeit auszumalen. Daß die geistige Dürre des Dritten Reiches, das ja gerade im kulturellen Bereich niemals die Menschen für sich gewann, Heißhunger hervorrief, ist einleuchtend. Und es liegt Notwendigkeit darin, daß die Desorientierung nach dem totalen Zusammenbruch der totalen Herrschaft das Bedürfnis hervorruft, sich durch Besinnung und Nachdenken wieder zurecht zu finden, nachdem das schiere Nachdenken bereits als Volksfremdheit und Eigenbrötelei eigentlich schon unter Strafe stand. Als der Druck der anbefohlenen Kollektivierung mit einem Male von den Menschen genommen worden war, erzeugte er die Gegentendenz, für sich allein zu sein oder sich auf eine selbstgewählte intime Gemeinschaft zu beschränken. Alles bündische Wesen und Unwesen, wie es gerade die Jugend vor der Hitler-Zeit anzog, hat sich überschlagen. Isolierung wird nicht länger bloß als Bedrohung, sondern auch als Möglichkeit des Glücks erfahren. Dieses Insichgehen ist der Vergeistigung nahe verwandt.

Schließlich ist ein geschichtliches Moment unverkennbar. Die deutsche Gesellschaft war nicht so durchorganisiert, daß die großen ökonomischen Mächte den Geist in eigene Regie genommen und die Individuen geistig enteignet hätten. In gewissem Sinne stellte der deutsche Faschismus den Versuch dar, solche Enteignung unter dem Namen der nationalsozialistischen Integration »schlagartig«, wie das verruchte Wort lautete, nachzuholen. Diese Integration ist mißlungen. Daraus ergibt sich ein Zustand, der hinter dem allgemeinen Zug der hochrationalisierten modernen Gesellschaft zurückgeblieben ist. In der kulturellen Renaissance des gegenwärtigen Deutschland fühlt man sich an Zarathustras Frage erinnert, ob der Tod Gottes noch nicht bekannt geworden ist: Es hat sich noch nicht herumgesprochen, daß Kultur in traditionellem Sinn tot ist, – daß sie in der Welt zu einer Ansammlung von katalogisiertem, an Verbraucher geliefertem, dem Verschleiß preisgegebenem Bildungsgut geworden ist, dem man eben jenen Ernst verweigert, der ihr in Deutschland heute wie stets gezollt wird. Das Glück des sich selbst genießenden Geistes, dem gerade der Zurückkehrende nur allzu willig sich überläßt, läßt sich dem Glück im Gewinkel altertümlicher Städtchen vergleichen. Es zehrt von dem, was noch übrig, was dem Gang des Fortschritts noch nicht geopfert ist. Der Umgang mit Kultur im Nachkriegsdeutschland hat etwas von dem gefährlichen und zweideutigen Trost der Geborgenheit im Provinziellen. Und wie im Angesicht der zerstörten Städte ins grelle Licht tritt, was gerade noch übrig ist, wie an dem, was in ihnen an alter Kulturlandschaft erhalten blieb, gerade das Anachronistische, das Element der Ausnahme in den Blick tritt, – so ist es vielleicht mit Kultur insgesamt bestellt.

Man darf mich nicht falsch verstehen. Ich möchte jenes Glück des heikel Überlebenden nicht verleumden. Es wäre nicht bloß unmenschlich, sondern auch abstrakt und oberflächlich, Geschichtliches nur von der angeblichen großen Tendenz der Geschichte aus zu sehen und zu beurteilen. Die Beschaffenheit der Gesamtgesellschaft drückt sich ebenso sehr in der Ungleichzeitigkeit der geschichtlichen Entwicklung in den verschiedenen Ländern aus wie in jener sich durchsetzenden großen Tendenz. Je unbarmherziger der Weltgeist triumphiert, um so eher vermag das nach seinem Maße Zurückgebliebene nicht bloß fürs Verlorene, für die romantisch verklärte Vergangenheit einzustehen, sondern sich auch als Schlupfwinkel und Zufluchtsstätte eines zukünftigen Besseren zu erweisen. Aber man sollte es sich doch mit dieser Hoffnung nicht allzu bequem machen. Sobald das Zurückgebliebene sich verstockt und als das Bessere selbst aufwirft, also gleichsam seine Unschuld verloren hat, nimmt es bereits als handlicher Herzenswärmer ein Element der Unwahrheit an. Dann kommt es gerade jener großen Tendenz zu Hilfe, von der es ausgenommen zu sein beansprucht. Wir alle erinnern uns nur allzu gründlich daran, daß die nationalsozialistische Phrase von »Blut und Boden« bloß die Verwüstungen zuzudecken hatte, die der zum äußersten Grauen entwickelte kalkulierende Apparat anzurichten im Begriff war. Wer heute auf die ewigen Werte der Kultur sich berufen wollte, der wäre schon in Gefahr, eine Art von neuem »Blut und Boden« daraus zu machen. Im übrigen zeigt die kulturelle Renaissance auch unmittelbar Symptome, die zur kritischen Besinnung nötigen. Sie machen gerade den stutzig, dem es um Erfüllung des Geistes geht, und der sich nicht damit zufrieden gibt, daß so etwas wie Geist überhaupt noch existiert. Dessen Begriff ist ja vieldeutig genug: er läßt der Lüge wie der Wahrheit Raum. Es steht nicht an, den Geist an sich zum letzten Wert zu erheben.

Ich sprach von der auffälligen Neigung, vorgefundene Kulturgüter zu deuten. Gewiß ist es oftmals fruchtbarer, sich in bedeutende Texte zu versenken, als frisch-fröhlich darauf los zu denken. Aber die deutsche Situation gebietet nun einmal unabweislich die geistige Neu-Orientierung, und offenbar hat jene geistige Leidenschaft nur wenig mit den eigentlichen Fragen zu tun, an denen eine Neuorientierung sich bewähren könnte. Wenige kümmern sich darum, ob das fortschreitende Bewußtsein, das unaufhaltsam jeglichen Sinn und jegliche Norm in den Abgrund stößt, gleichwohl fähig sei, dem Grauen Einhalt zu tun, das es selbst entbindet.

Wenige bemühen sich um Einsicht in die Gesetze, welche das jüngst vergangene Unheil zeitigten, um den Begriff einer menschenwürdigen Einrichtung der Welt und seine theoretische Begründung, oder gar um die Analyse der heute aktuellen Möglichkeiten zur ganzen, inhaltlichen Verwirklichung der Freiheit. Nicht daß die Menschen für solche Fragen unansprechbar wären, – im Gegenteil: in den Augenblicken, in denen es einem gelingt, sie sichtbar zu machen und das Bewußtsein darauf zu lenken, glaubt man oftmals, eine lösende, befreiende Erkenntnis sei gelungen. Aber nur selten wird unmittelbar daran gerührt. Es ist, als ständen die Menschen unter einem geistigen Bann. Unfreiheit und Autoritätsglaube, wäre es auch bloß der Glaube an die Autorität dessen, was nun einmal ist, sind ins allgemeine Bewußtsein eingewandert. Niemand traut sich so recht an das Drängende, Brennende heran, von dem in Wahrheit doch alle wissen. Fast empfindet man den Gedanken, der über den Umkreis des Bestehenden und Approbierten hinausgeht, als Frevel. Da hält man sich denn lieber an den verfügbaren Vorrat, diskutiert, was einem zufällig in den Weg kommt, als wäre es gottgewollt, und freut sich im übrigen der Schärfe und Beweglichkeit des eigenen Geistes, ohne Rücksicht darauf, woran er sich wendet. Oftmals kann ich mich in all der Erregtheit und Bewegtheit des Eindrucks eines Schattenhaften, Unwirklichen nicht erwehren, eines Spieles des Geistes mit sich selber, der Gefahr von Sterilität. Offenbar gerät es dem Geist nur dann recht, wenn er sich nicht selber als seine eigene Erfüllung setzt, sondern bereit ist, an ein außer ihm Seiendes sich zu verlieren: für allen Geist gilt: »Wirf weg, damit du gewinnst!«

Daß der Verdacht auf »Sterilität« keine Übertreibung enthält, kann man sich am ehesten verdeutlichen, wenn man die Lage jetzt mit der nach dem ersten Krieg vergleicht. Damals war der Expressionismus gegenwärtig. Er ist seit den Jahren der wirtschaftlichen Stabilisierung, etwa seit 1924, totgesagt worden. Schon damals hatte man mit Recht vermutet, die glorreiche Überwindung des Chaos durch neue Ordnung und Objektivität sei vielfach bloß ein Deckbild der Reaktion, der Aufwärmung des Juste-Milieu, das sich nun auch noch als fortgeschritten aufspielte. Dabei tut es wenig zur Sache, daß der Expressionismus große, bleibende Kunstwerke hervorbrachte, deren Begriff vielleicht mit seinem eigenen unvereinbar ist. Immerhin wären ja die Bilder von Paul Klee, die Prosa von Franz Kafka, die produktivste Phase in der Musik Arnold Schönbergs ohne den Impuls des Expressionismus nicht möglich gewesen. Jedenfalls bedeutete der Expressionismus immerhin die großartige Anstrengung des Bewußtseins, aller Fesseln von Konvention und Verdinglichung sich zu entschlagen und dem in der verhärteten Welt vereinsamten Ich zum reinen Ausdruck zu verhelfen. Nichts, was an Kraft und Unbeirrtheit dieser Anstrengung zu vergleichen wäre, ist heute wirksam, weder in Deutschland, noch in den anderen europäischen Ländern. Selbst in der Urheimat des Avantgardismus, in Frankreich, regt sich keine Avantgarde. Die dort vorherrschende geistige Bewegung, der sogenannte Existentialismus, wärmt in seinen umfangreichen philosophischen Kundgebungen eklektisch Motive aus Hegel, Kierkegaard und der jüngsten deutschen Anthropologie auf. Die Dichtungen aber, die von solcher Philosophie gespeist werden, offenbaren sich als recht handfeste und rationalistische Thesenstücke, deren Gestaltungsprinzipien hinter die radikale Kunst der Zwanziger und Dreißiger Jahre zurückfallen. Das Ganze fügt sich, mit der unverbindlichen Verherrlichung von »Entscheidung an sich«, dem allgemeinen Kulturverschleiß recht wohl ein. Mag immer dagegen das im tapferen Widerstand gegen die Ordnung sich absolut setzende Ich des Expressionismus vergangen, mag es als nichtig enthüllt sein; verglichen mit dem, was es ausdrücken sollte, erscheint die Kunst, die heute das Vakuum ausfüllt, epigonenhaft oder hilflos oder beides. Es ist ein gespenstischer Traditionalismus

ohne bindende Tradition. Begriffe aus dem Vorfaschismus, wie der der »Haltung«, des »Einsatzes«, auch etwa des »soldatischen Menschen«, treten zwar im Augenblick abgelöst von der politischen Zielsetzung auf, der sie ihren fragwürdigen Ursprung verdanken, dafür aber werden sie zu Fetischen gemacht. Man zelebriert einen Heroismus an sich als Ideal richtigen Menschentums. Aber es wäre doch zu bedenken, wofür eigentlich dieser Heroismus einsteht, oder ob dem Begriff der heroisch auf sich selbst beharrenden Innerlichkeit überhaupt jene Würde und Wesentlichkeit zukomme, die er mit herrischer Geste beansprucht. Die jüngste Prosa, der alles sich nachsagen läßt, nur nicht, daß sie jung sei, erinnert zuweilen an einen mit purpurrotem und goldengrünem Laub reich und sorgsam zugeschütteten Kommißstiefel.
Der Stand des Bewußtseins wird bezeichnet durch Mangel an Sprengkraft, an Abenteuerlust, selbst an Neugier auf der einen Seite, und auf der anderen durch Unsicherheit in der Verfügung über die herkömmlichen Mittel, deren man sich bedient. Die Macht des Daseienden, seiner Einrichtungen nicht anders als seiner Trümmer, über die Menschen ist derart angewachsen, daß sie es nicht wagen, ja es nicht einmal recht vermögen, aus sich heraus dem Bestehenden das darüber hinausweisende Element entgegenzusetzen. Der Nachkriegsgeist, in allem Rausch des Wiederentdeckens, sucht Schutz beim Herkömmlichen und Gewesenen. Aber es ist in der Tat gewesen. Den überlieferten ästhetischen Formen, der traditionellen Sprache, dem überlieferten Material der Musik, ja selbst der philosophischen Begriffswelt aus der Zeit zwischen den beiden Kriegen wohnt keine rechte Kraft mehr inne. Sie alle werden Lügen gestraft von der Katastrophe jener Gesellschaft, aus der sie hervorgingen. Darum will das Schutzsuchen so wenig geraten, wie anderseits das verängstigte Bewußtsein einen solchen Schutz nicht entbehren möchte. Nicht nur, daß die gemäßigte und gebildete kulturelle Mitte, die so fatal lockt, in sich selber abbröckelt. Es offenbart sich vielmehr, dem

verzweifelten Kulturwillen zum Trotz, allenthalben ein Bruch zwischen den Produzierenden und der Kultur, der sie nachhängen. Indem sie aus dem Vorrat zehren, vernichten sie, wozu sie sich bekennen. Die vor dreißig Jahren geprägten nichtkonformierenden Worte und Gedanken sind selber konventionell und brüchig geworden. Sie reichen nicht mehr an das heran, was sie sagen sollen, sondern klappern. Die Errungenschaften zumal Rilkes und Georges, dessen Schule in den wenigen Jahren seit seinem Tode zerfiel, sind Allgemeingut geworden, aber um ihren Sinn gebracht und der ungeschickten Geschicklichkeit eines jeden Bildungsphilisters überantwortet.

Die Neutralisierung der Kultur, die man befördert, indem man blind bewahrt, ist von dem Schweizer Dichter Max Frisch »Kultur als Alibi« genannt worden. Bildung heute hat nicht zum geringsten die Funktion, das geschehene Grauen und die eigene Verantwortung vergessen zu machen und zu verdrängen. Als isolierter Daseinsbereich, bar einer genauen Beziehung zur gesellschaftlichen Wirklichkeit, taugt Kultur dazu, den Rückfall in die Barbarei zu vertuschen. Darin setzt sich der Versuch des Nationalsozialismus fort, über die Totenstarre der Herrschaft zu betrügen. Der Nationalsozialismus verherrlichte die einmal anerkannten Kulturprodukte der Vergangenheit ohne Ansehen des Gehalts; sie wurden lediglich um ihres eigenen Prestiges willen unablässig ausgestellt, sofern sie nicht gar zu offen mit der Diktatur und dem Rassewahn zusammenstießen. Solange Hitler herrschte, gelang es ihm nicht, dem Volk die Produkte seiner Kulturvögte anders als auf dem Wege des Zwangskonsums zuzuleiten. Heute aber, da kein solcher Zwang mehr ausgeübt wird, übernimmt man freiwillig ein ganzes Lager von Begriffen und Bildern aus dem autoritären Bereich. Gewiß ist seine Beziehung zur Diktatur durchschnitten. Ihrer inneren geschichtlichen Voraussetzung nach aber sind jene Begriffe und Bilder gekettet an die Vorstellung der Unvermeidlichkeit und Rechtmäßig-

keit von Herrschaft und Not. Sie verraten ihre finstere Herkunft durch Klang und Gestus auch dann, wenn sie sich tragisch-humanistisch gebärden.
Sucht man nach Gründen für alles das, so drängt sich der Gedanke an die politische Lage auf. Die expressionistische Phase nach dem ersten Krieg, von der ich sprach, war der großen politischen Bewegung verbunden. Sie stand im Zeichen der Hoffnung auf den unmittelbar zu verwirklichenden Sozialismus. Die offene Möglichkeit eines radikal veränderten Zustandes legte den Blick frei auf den gegebenen. Man brauchte sich nicht zu fügen, denn man wußte, daß es heute noch ganz anders sein, daß der Spuk der versteinerten Verhältnisse weggefegt werden könnte. Dieses Bewußtsein war keineswegs durchwegs genau bestimmt und artikuliert. Gerade bei den bedeutenden Künstlern, die sich der Herrschaft des Bestehenden, dem Trug von Harmonie, den Clichés des bloßen Abbildes versagten, war das Verhältnis zur Politik verborgen und latent. Die offen politische Kunst zeigte schon damals Symptome jenes aufgewärmten Realismus, der heute jenseits des Eisernen Vorhangs als philiströse Norm aufgerichtet ist. Aber es war damals, als hätte die Oberfläche des gesellschaftlichen Gefüges für eine Sekunde erzittert. Das registrierten die Versuche gerade jener Künstler und Theoretiker, die sich keiner dinghaften Praxis verschrieben. Ohne vielleicht vom gesellschaftlichen Augenblick nur zu wissen, folgten sie ihren Regungen und drückten in diesen den Nonkonformismus aus: die Aufkündigung des Einverständnisses. Das hat sich nach dem zweiten Krieg nicht wiederholt. Die Gesellschaft spaltet sich in starre Blöcke. Was geschieht, empfinden die Menschen als ihnen angetan, nicht als Anliegen ihrer eigenen Spontaneität. Darum ist die Neigung des Geistes, schattenhaft mit sich selber zu spielen, die ihn verkümmern läßt, keineswegs bloß auf sein eigenes Schuldkonto zu setzen. Sie entspringt einer objektiven Notwendigkeit, die so lange übermächtig bleibt, als nicht das Bewußtsein sie in sich selbst aufnimmt

und damit über sie hinausgeht. Die Welt ist aufgeteilt in unmäßige und übermächtige Kraftfelder. Der Geist sieht sich vor dem Zwang, entweder sich anzupassen oder sich zur Isolierung, zur Ohnmacht, zur Donquichotterie verurteilt zu sehen. Die Stärke, deren man bedürfte, um solche Schwäche aus Freiheit zu wählen und damit vielleicht zu überwinden, ist fast größer, als man sie von irgendeinem Menschen erwarten kann. Die Möglichkeit einer anderen, einer im Kern ihres Lebensprozesses befreiten Gesellschaft, liegt so nahe wie verschüttet. Wer naiv auf sie vertraute, verfiele einer Träumerei, die erst recht den blinden Machtkonstellationen zugute käme. Das macht die geistige Stagnation heute zu einer Sache des objektiven Geistes, nicht zu einer der Unzulänglichkeit oder des bösen Willens. Die Welt ist aus den Fugen, aber die Fugen sind mit träger Masse ausgefüllt; die Kultur ist in Trümmern, aber die Trümmer sind weggeräumt, – wo sie noch stehen, sehen sie aus, als wären sie ehrwürdige Ruinen.

Es wäre wohl an der Zeit, über den Begriff des Geistes selbst erneut nachzudenken. Die Vorstellung, daß er ein sich selbst genügendes Leben in sich habe, daß er absolut in sich ruhe, ja die Wirklichkeit gewissermaßen erst stifte, liegt jener Schattenkultur zugrunde, von der ich sprach. Diese Auffassung von Geist gehört zum deutschen Idealismus. Es entbehrt nicht der Paradoxie, daß sie weiterwirkt, ja daß sie bis zum Aberwitz losgelassen ist in einem Augenblick, da gerade die Repräsentanten des Geistes unablässig auf das Ende des Idealismus verweisen. Solche Fortdauer idealistischer Vorstellungen erklärt sich wohl damit, daß es um die jüngste antiidealistische Bewegung nicht so gar ernst bestellt ist. Jenes Sein, dessen Mächtigkeit sie am Ende dem reinen Denken entgegenhält, kommt wohl in der Tat bloß auf das heraus, wofür man es zu Beginn der abendländischen Philosophie, in der eleatischen Spekulation, genommen hat: auf bloßes Denken. Der Geist, der, wenn mir das banale Wort gestattet ist, als produktiv sich bewährte, hat sich selber nie als reinen Geist verstanden. Noch seine sublimen Äußerungen, noch die zartesten Bilder des Eros, noch die duftigsten Gedankengebilde von der Versöhnung des Geistes mit der entfremdeten Welt haben davon gelebt, daß in ihrem eigenen Sinne der Hinweis auf die Veränderung der gesellschaftlichen Wirklichkeit lag. Nicht als ob die großen Kunstwerke, die großen Philosophien stets politisch gewesen wären. In den bedeutendsten Augenblicken waren sie es kaum. Aber die Konsequenz ihres eigenen Sinnes zielte auf Politik. Was sie zum Geiste wahrhaft machte, was ihnen Schönheit verlieh, war die Möglichkeit solcher Konsequenz, mochte sie manchmal auch noch so vermittelt sein. Goethe hat die Gretchen-Tragödie nicht geschrieben, um die Gesetzgebung gegen den Kindermord zu reformieren. Wir wissen, daß seine politische Stellung in dieser Frage dem Gebet zur Mater dolorosa Hohn spricht. Aber die Gewalt von Gretchens Schmerz, dessen Lautwerden uns heute noch mehr bewegt als alle geronnene Kultur, wäre nicht denkbar, wenn nicht die von der gesellschaftlichen Ordnung geschändete Natur, die da ihre Sprache findet, die Idee eines Zustandes heraufführte, in dem solches Leiden abgeschafft ist. Das Licht des Unzerstörbaren an den großen Kunstwerken und philosophischen Texten ist weniger das Alte und vermeintliche Ewige, das selber der Zerstörung verschworen bleibt, als das der Zukunft. Ein jedes Geistige hat seine Wahrheit an der Kraft der Utopie, die durch es hindurchleuchtet. Nur wenn die Menschheit, um zu überleben, die Utopie nicht länger mehr verbietet, sondern dessen inne wird, daß Überleben selber heute mit der Verwirklichung der Utopie eines Sinnes wurde, dann wird auch die Starre des Geistes sich lösen – nicht etwa bloß durch seine Anstrengung oder die Verfeinerung seiner Mittel.

Ich habe absichtlich meine Erwägungen allgemein gehalten, um nicht den Anschein zu erwecken, als ginge es mir um die Polemik gegen Einzelleistungen, wo es mir in Wahrheit um die – wenn auch einseitige – Erfahrung eines Ganzen geht. Ich habe auch keine sogenannte konkrete Lösung anzubieten und kann meine Hinweise nicht mit jenem »Jedennoch« schließen. Es handelt sich darum, jene erste Erfahrung des Ganzen zu vermitteln, nicht darum, einen in sich ruhenden theoretischen Zusammenhang hinzustellen. Diese Erfahrung beschränkt sich, wie ich sagte, keineswegs auf Deutschland. Sie betrifft jenes Europa, das dem aus Amerika Zurückkehrenden so rätselhaft zur Einheit sich zusammendrängt. Aber ich möchte doch mit Hinblick auf Deutschland noch etwas bestimmter reden.

Deutschland hat aufgehört, politisches Subjekt in jenem nationalstaatlichen Sinne zu sein, wie er für die letzten anderthalb Jahrhunderte maßgebend war. Der deutsche Faschismus war, in weiter historischer Perspektive, der Versuch, als solches politisches Subjekt, nämlich als planetarischer Ausbeuter, »dranzukommen«, zu einer Zeit, in der nicht nur die Karten der Welt ausgespielt waren, sondern in der der Begriff der Nation selber angesichts der geistigen und materiellen Produktivkräfte der Menschheit sich bereits überlebt hatte. Der Zustand des Geistes in Deutschland hat etwas damit zu tun, daß man diesen Sachverhalt ahnt. In seinem Innersten weiß ein jeder, daß es »zu spät ist«. Die Lähmung der geistigen Produktivität wird davon bewirkt, daß man insgesamt kein politisches Subjekt mehr ist und deshalb auch in der geistigen Reflexion nichts Fesselloses mehr unternimmt. Man richtet sich auf die große Mächte-Konstellation ein und meint nur in der Resignation auf die abgegrenzte Kultursphäre etwas wie Sonderart retten zu können. Aus Hölderlins Klage »tatenarm und gedankenvoll« wird gleichsam ein Programm, und es ist eben dieses Programm, das dem Gedanken selber zum Schaden anschlägt. Wenn irgend Besinnungen über diesen Zustand hinausführen können – und ich weiß keineswegs, wie weit sie daran überhaupt heranreichen –, dann könnten es wohl nur solche sein, die den nationalstaatlich definierten Begriff des politischen Subjekts hinter sich lassen. Man müßte den Gedanken ans Drankommen und die Teilhabe an der Macht als veraltet durchschauen. Damit würde es auch zu

Ende sein mit der Neigung, sich stur zu fügen oder nach dem Gewesenen zu greifen. Der böse Wunsch nach schrankenloser Herrschaft, der dahinter steht, erwiese sich als schrankenlose Illusion. Denn die objektive Unwahrheit im gegenwärtigen Stand des Bewußtseins ist wohl nichts anderes, als daß am Traum von Macht und Größe, an der Trauer über sein Mißlingen festgehalten wird in einer Welt, die solcher Macht und Größe nicht mehr bedarf. Unwahr ist die Vorstellung, daß man Subjekt nur sei als Subjekt gesellschaftlicher Macht, nicht als Subjekt von Freiheit, als Subjekt einer versöhnten Menschheit. Ich muß kaum hervorheben, daß ich dabei nicht bloß an die Beseitigung der europäischen Landesgrenzen denke, so sehr diese auch an der Zeit ist. Vielmehr müßten die Menschen, und zumal jene, denen in dieser Ordnung Geist zum Beruf und Privileg geworden ist, am Privileg irre werden. Sie müßten einsehen, daß heute im vollen Maße ein Zustand der Welt möglich ist, welcher die Menschen nicht mehr als Objekte von Prozessen bestimmt, die über ihre Köpfe weg sich abspielen, daß heute ein Zustand möglich ist, in dem sie vereint ihr eigenes Schicksal bestimmen und damit erst wahrhaft zu Subjekten werden. Die Starre, die der Geist widerspiegelt, ist keine natur- und schicksalhafte Macht, der man ergeben sich zu beugen hätte. Sie ist von Menschen gemacht, der Endzustand eines geschichtlichen Prozesses, in dem Menschen Menschen zu Anhängseln der undurchsichtigen Maschinerie machten. Die Maschinerie durchschauen, wissen, daß der Schein des Unmenschlichen menschliche Verhältnisse verbirgt, und dieser Verhältnisse selbst mächtig werden, sind Stufen eines Gegenprozesses, der Heilung. Wenn wirklich der gesellschaftliche Grund der Starre als Schein enthüllt ist, dann mag auch die Starre selber vergehen. Der Geist wird lebendig sein in dem Augenblick, in dem er nicht länger sich bei sich selber verhärtet, sondern der Härte der Welt widersteht.

1950

Die Freudsche Theorie und die Struktur der faschistischen Propaganda[1]

Die Reden und Schriften der faschistischen Agitatoren in Amerika sind im Laufe des letzten Jahrzehnts sozialwissenschaftlich eingehend untersucht worden. Die Ergebnisse einiger dieser Studien, die sich der Methode der qualitativen Analyse bedienten, werden in dem Buch ›Prophets of Deceit‹ von L. Lowenthal und N. Guterman zusammenfassend dargestellt[2]. Das Gesamtbild, das sich hierbei ergibt, ist durch zwei Hauptzüge gekennzeichnet. Der eine ist, daß sich, abgesehen von einigen Vorschlägen exzentrischer und durchaus negativer Art, wie der Verbringung von »aliens« in Konzentrationslager und der Deportierung von Zionisten, die faschistische Propaganda in den Vereinigten Staaten kaum um konkret greifbare politische Probleme kümmert. Die Reden der Agitatoren sind in ihrer Mehrheit ad hominem gerichtet: sie beruhen offenkundig nicht auf der Absicht, durch rationales Aufstellen rationaler Ziele Anhänger zu gewinnen, sondern auf psychologischer Berechnung. Der Ausdruck »rabble rouser« ist bei aller Anfechtbarkeit wegen seiner impliziten Verächtlichmachung der Massen insofern richtig, als er die Stimmung irrationaler, affektiver Aggressivität ausdrückt, die unsere Möchtegern-Hitlers bewußt fördern. Wenn es unverschämt ist, von Menschen als »rabble« – Pöbel – zu reden, so ist andererseits der Zweck des Agitators eben der, sie zu Pöbel zu machen, nämlich zu Massen, die zu Gewaltaktionen ohne vernünftigen politi-

1 Der Aufsatz gehört in den Zusammenhang der gemeinsamen Arbeit mit Max Horkheimer.

2 Harper Brothers, New York 1949. – Cf. auch: Leo Lowenthal und Norbert Guterman, *Portrait of the American Agitator*, in: *Public Opinion Quarterly*, 1948, S. 417 ff.

schen Zweck bereit sind, und Pogromstimmung zu erzeugen. Der allgemeine Zweck dieser Agitatoren ist, das methodisch zu instigieren, was man seit Gustave Le Bons berühmtem Buch als die »Psychologie der Massen« bezeichnet.

Der zweite Hauptzug ist, daß die Agitatoren durchaus systematisch vorgehen, nach einem fixierten Schema bestimmter Kunstgriffe und Techniken. Dies gilt nicht nur im Hinblick auf den politischen Endzweck, die Abschaffung der Demokratie durch Massenunterstützung gegen das demokratische Prinzip, sondern mehr noch für das Wesen von Inhalt und Form der Propaganda selbst. Die Sprache der verschiedenen Agitatoren, von bekannten Figuren wie Coughlin und Gerald Smith bis zu den kleinen provinziellen Haßverkäufern, ist so gleichförmig, daß man nur die Reden eines einzigen zu analysieren braucht, um sie alle zu kennen[3]. Dazu kommt, daß man auch in den einzelnen Reden wieder

3 Diese Feststellung gilt nur mit gewissen Einschränkungen. So gibt es den Unterschied zwischen Agitatoren, die, ob nun zu Recht oder Unrecht, auf wirtschaftliche Unterstützung in großem Stil spekulieren, und die darum einen Schein von Respektabilität zu wahren suchen und erst leugnen, Antisemiten zu sein, bis sie dann zum Geschäft der Judenhetze kommen, und erklärten Nazis, die entweder wirklich oder vorgeblich auf eigene Faust handeln wollen und sich in der ungezügeltsten und krassesten Sprache ergehen. Ferner gibt es den zwischen Agitatoren, die den altmodischtrauten, frommen christlichen Konservativen spielen und an ihrem Haß auf die »dole« – die Ausgabe öffentlicher Gelder zu Unterstützungszwecken – zu erkennen sind, und denen, die, einer schnittigeren neueren Variante folgend, sich vor allem an die Jugend wenden und sich manchmal als revolutionär ausgeben. Die Bedeutung solcher Unterschiede darf man jedoch nicht überschätzen. Die Grundstruktur der Reden und der Vorrat der Tricks sind trotz solcher geflissentlich kultivierter Nuancen dieselben. Man hat es hier eher mit einer Arbeitsteilung als mit echten Divergenzen zu tun. Es sei angemerkt, daß die nationalsozialistische Partei schlau an ähnlichen Nuancen festhielt, obwohl diese niemals irgendeine Bedeutung gewannen oder gar zu einem ernsthaften ideologischen Streit innerhalb der Partei führten. Die Meinung, die Opfer des 30. Juni 1934 seien Revolutionäre gewesen, gehört ins Reich der Mythologie. Das Blutbad war eine Angelegenheit rivalisierender »rackets«, nicht durch soziale Konflikte bedingt.

nur endlose Wiederholungen findet, wenn man den sehr begrenzten Bestand an Motiven und rhetorischen Kunstgriffen einmal kennt. Tatsächlich sind ständige Wiederholungen und Ideenarmut selbst notwendige Bestandteile der ganzen Technik.

Da die mechanische Starrheit des Gesamtschemas offensichtlich ist und selber der Ausdruck bestimmter Aspekte der faschistischen Mentalität, hat man zugleich das Empfinden, daß das Material der Propaganda faschistischen Typs eine strukturelle Einheit ist, beruhend auf einer sei's bewußten, sei's unbewußten Gesamtkonzeption, die jedes Wort, das gesprochen wird, bestimmt. Diese strukturelle Einheit gilt ebenso für die implizite politische Konzeption wie für die psychologische Substanz. Bisher wurden nur die Natur der einzelnen Tricks der faschistischen Propaganda wissenschaftlich studiert und die psychoanalytischen Bedeutungen der in dieser Weise isoliert genommenen Motive aufgezeigt und entwickelt. Nun, da festgestellt ist, was die Bestandteile der Propaganda sind, ist es an der Zeit, das psychologische System, das diese Bestandteile umfaßt und sie produziert – wobei es nicht zufällig sein mag, daß sich mit diesem Ausdruck des »psychologischen Systems« die Assoziation der Paranoia verbindet –, ins Auge zu fassen. Dies scheint um so mehr angebracht, als die psychoanalytische Bedeutung der einzelnen Tricks andernfalls in gewissem Grade zufällig und willkürlich bleiben würde. Es muß etwas wie ein theoretisches Bezugssystem entwickelt werden. Da die einzelnen Techniken fast unwiderstehlich nach psychoanalytischer Deutung verlangen, ist es nur logisch, zu postulieren, daß dies Bezugssystem in der Anwendung einer umfassenderen, grundlegenden psychoanalytischen Theorie auf das Vorgehen des Agitators als Ganzes gewonnen werden muß.

In seinem 1921 veröffentlichten Buch ›Massenpsychologie und Ich-Analyse‹, das schon 1922, lange bevor die Gefahr des deutschen Faschismus akut erschien, unter dem Titel ›Group Psychology and the Analysis of the Ego‹ auch in englischer Sprache erschien, hat Freud selbst ein solches Bezugssystem geliefert[4]. Es ist keine Übertreibung zu sagen, daß Freud, obwohl ihn die politische Seite des Problems kaum interessierte, in rein psychologischen Kategorien das Heraufkommen und die Natur faschistischer Massenbewegungen klar voraussah. Wenn es zutrifft, daß in der Analyse das Unbewußte des Analytikers das Unbewußte des Patienten wahrnimmt, darf man auch annehmen, daß seine theoretischen Intuitionen auf rationaler Ebene noch latente Tendenzen antizipieren können, die sich aber auf einer tieferen Ebene schon manifestieren. Vielleicht war es kein Zufall, daß Freud nach dem ersten Weltkrieg sich mit dem Narzißmus und den Ichproblemen im engeren Sinne zu beschäftigen begann. Offenbar spielen die dazugehörigen seelischen Mechanismen und Triebkonflikte heute in zunehmendem Maß eine Rolle, während die »klassischen« Neurosen, wie die Konversionshysterie, die das Modell bildeten, woran die psychoanalytische Methode entwickelt wurde, nach dem Zeugnis der praktizierenden Analytiker heute seltener geworden sind gegenüber der Zeit von Freuds Entwicklung, als Charcot sich klinisch mit der Hysterie befaßte und Ibsen sie zum Gegenstand mehrerer seiner Stücke machte. Das Problem der Massenpsychologie ist Freud zufolge eng verbun-

4 Der Übersetzer, James Strachey, betont zu recht, daß der englische Begriff »group« der Le Bonschen »foule« und der deutschen »Masse« entspricht. Hinzugefügt mag werden, daß in diesem Buch der Terminus »Ich« noch nicht die besondere psychische Instanz bezeichnet, die in Freuds späteren Schriften im Unterschied zum Es und Über-Ich beschrieben wird, sondern hier einfach das Individuum bedeutet. Es ist eine der wichtigsten Implikationen von Freuds *Massenpsychologie,* daß er keine unabhängige, hypostasierte »Massenseele« anerkennt, sondern die von Autoren wie Le Bon und McDougall beobachteten und beschriebenen Erscheinungen auf Regressionen zurückführt, die in jedem der Individuen, die eine Masse bilden und in ihren Bann geraten, vor sich gehen.

den mit dem neuen Typus seelischer Erkrankung, der für eine Epoche, die aus sozio-ökonomischen Gründen den Niedergang des Individuums und seine daraus folgende seelische Schwäche sieht, so charakteristisch ist. Obwohl Freud sich nicht mit den Veränderungen der Gesellschaft befaßte, hat er innerhalb der monadologischen Grenzen des Individuums die Spuren seiner tiefgehenden Krise und seiner Bereitschaft, vor mächtigen äußeren Kollektivgewalten kritiklos abzudanken, verfolgt. Ohne daß er zeitgenössische gesellschaftliche Entwicklungen studiert hätte, hat er durch die Entwicklung seiner eigenen Arbeit, die Wahl seiner Forschungsthemen und die Entwicklung wegweisender Begriffe historische Tendenzen aufgezeigt.

Freuds Methode ist in seiner Abhandlung die dynamische Interpretation von Le Bons Beschreibung der Massenseele und die Kritik bestimmter dogmatischer Begriffe oder magischer Worte, die von Le Bon und anderen vor-analytischen Psychologen so gebraucht wurden, als ob sie der Schlüssel zur Erklärung bestimmter merkwürdiger Erscheinungen wären. Der wichtigste davon ist der Begriff der Suggestion, der im populären Verständnis des von Hitler und seinesgleichen auf die Massen ausgeübten Zaubers als Notbehelf übrigens immer noch eine große Rolle spielt. Freud bezweifelt nicht die Richtigkeit von Le Bons bekannten Kennzeichnungen der Masse, die als entindividualisiert, vernunftlos, leicht lenkbar, zu gewalttätigen Handlungen bereit und in jeder Beziehung völlig regrediert beschrieben wird. Was ihn von Le Bon eigentlich unterscheidet, ist das Fehlen der traditionellen Massenverachtung, welche das thema probandum der älteren Psychologen war. Statt von den üblichen Beschreibungen auf eine, wahrscheinlich unabänderliche, Minderwertigkeit der Massen als solcher zu schließen, fragt er im Geiste echter Aufklärung, was die Massen zu Massen mache. Die bequeme Hypothese eines sozialen oder Herdentriebes, der für ihn nicht die Lösung, sondern das Problem bezeichnet, lehnt er ab. Dies ist, neben den psychologischen Gründen, die Freud angibt, auch vom soziologischen Standpunkt her wohlbegründet. Da, wenigstens prima facie, die einzelnen, aus denen sich die heutigen Massen zusammensetzen, Individuen sind, Kinder einer individualistisch-liberalen Konkurrenzgesellschaft, dazu erzogen, sich als unabhängige, sich selbst erhaltende Einheiten in der Konkurrenz zu behaupten, und unablässig dazu ermahnt, »rugged« zu sein und gewarnt vor »surrendering« – Aufgeben –, ist der einfache Vergleich moderner Massenbildungen mit biologischen Phänomenen kaum aufrechtzuerhalten. Selbst angenommen, daß in ihnen vorindividuelle, archaische Instinkte fortexistieren, könnte man nicht einfach auf dieses in ihnen liegende Erbe verweisen, sondern es müßte erklärt werden, wieso heutige Menschen in Verhaltensformen zurückfallen, die zu ihrem eigenen rationalen Niveau und der gegenwärtigen Stufe aufgeklärter technischer Zivilisation in krassem Widerspruch stehen. Dies nun ist es, was Freud unternimmt. Er versucht festzustellen, welche Kräfte die Verwandlung von Individuen in eine Masse bewirken. »Wenn die Individuen in der Masse zu einer Einheit verbunden sind, so muß es wohl etwas geben, was sie aneinander bindet, und dies Bindemittel könnte gerade das sein, was für die Masse charakteristisch ist.«[5] Hiernach zu suchen, bedeutet aber nicht weniger als die Entdeckung des Grundproblems der faschistischen Manipulation. Denn der faschistische Demagoge, der die Unterstützung von Millionen Menschen für Ziele gewinnen muß, die mit ihrem eigenen rationalen Interesse unvereinbar sind, kann dies nur, indem er das von Freud gesuchte »Bindemittel« künstlich schafft. Wenn diese Methode der Demagogen realistisch ist, woran ihr Erfolg keinen Zweifel läßt, läßt sich die Hypothese aufstellen, daß das, was der Demagoge synthetisch zu erzeugen versucht, eben dies Bin-

5 Sigmund Freud, *Massenpsychologie und Ich-Analyse*, in: *Gesammelte Werke*, Bd. 13, London 1955, S. 77.

demittel ist, und daß es das vereinigende Prinzip hinter seinen verschiedenen Propagandatechniken ist.

Der allgemeinen psychoanalytischen Theorie entsprechend glaubt Freud, daß das die Individuen in eine Masse integrierende Bindemittel *libidinöser* Natur ist. Auf diesen Aspekt der Massenpsychologie sind auch frühere Psychologen gelegentlich schon gestoßen: »Man kann sagen, meint McDougall, daß die Affekte der Menschen kaum unter anderen Bedingungen zu solcher Höhe anwachsen, wie es in einer Masse geschehen kann, und zwar ist es eine genußreiche Empfindung für die Beteiligten, sich so schrankenlos ihren Leidenschaften hinzugeben und dabei in der Masse aufzugehen, das Gefühl ihrer individuellen Abgrenzung zu verlieren.«[6] Über solche Beobachtungen geht Freud hinaus, indem er die Kohärenz der Massen ganz nach dem Lustprinzip erklärt, nämlich auch den wirklichen oder Ersatzbefriedigungen, die das Sichaufgeben an eine Masse den einzelnen verschafft. Dieses libidinösen Ursprungs der Massenbildung war sich Hitler bewußt, wenn er den Teilnehmern seiner Versammlungen spezifisch weibliche Züge von Passivität zuschrieb, womit er auch einen Hinweis auf die Rolle unbewußter Homosexualität in der Massenpsychologie gab[7]. Die wichtigste Folge dieser Einführung der Libido in die Massenpsychologie ist, daß die den Massen zugeschriebenen Eigenschaften den scheinbar primitiven und irreduziblen Charakter, den

6 Ibid., S. 91.

7 Dieser Aspekt des Problems wird von Freud nicht verfolgt, doch zeigt eine Stelle in den Nachträgen, daß er sich seiner bewußt war. »In gleicher Weise durchbricht die Liebe zum Weibe die Massenbindungen der Rasse, der nationalen Absonderung und der sozialen Klassenordnung und vollbringt damit kulturell wichtige Leistungen. Es scheint gesichert, daß sich die homosexuelle Liebe mit den Massenbindungen weit besser verträgt, auch wo sie als ungehemmte Sexualstrebung auftritt« (ibid., S. 159). Im deutschen Faschismus, wo die Grenze zwischen offenem und verdrängtem Sadismus eine viel fließendere war als in der liberalbürgerlichen Gesellschaft, hat sich dies zweifellos bestätigt.

die Konstruktion besonderer Massen- oder Herdentriebe widerspiegelt, verlieren. Letztere sind nicht Ursachen, sondern Wirkungen. Das, was den Massen eigentümlich ist, ist nach Freud nicht eine neue Qualität, sondern eine Manifestation schon vorhandener Eigenschaften, die gewöhnlich verdeckt sind. »Wir brauchten von unserem Standpunkt weniger Wert auf das Auftauchen neuer Eigenschaften zu legen. Es genügte uns zu sagen, das Individuum komme in der Masse unter Bedingungen, die ihm gestatten, die Verdrängungen seiner unbewußten Triebregungen abzuwerfen.«[8] Damit wurden nicht nur ad hoc gebildete Hilfshypothesen überflüssig, sondern es wird auch der einfachen Tatsache Rechnung getragen, daß die, die in der Masse aufgehen, nicht Primitive sind, sondern daß sie primitive Verhaltensweisen zeigen, die ihrem normalen rationalen Verhalten widersprechen. Doch lassen auch die trivialsten Beschreibungen der Masse keinen Zweifel an einer Affinität bestimmter Eigenschaften der Masse zu archaischen Zügen. Das gilt besonders für die von allen Autoren über Massenpsychologie hervorgehobenen Dispositionen zum Kurzschluß von ungestümen Emotionen zu ebensolchen Handlungen, einem Phänomen, das in Freuds Schriften über primitive Kulturen zu der Annahme führt, daß die Ermordung des Vaters der Urhorde keine bloße Phantasie ist, sondern der vorgeschichtlichen Realität entspricht. Nach der dynamischen Theorie muß das Wiederaufleben solcher archaischen Züge als das Resultat eines *Konfliktes* verstanden werden, und dies mag auch einige Erscheinungen der faschistischen Mentalität erklären helfen, die ohne die Annahme eines Antagonismus verschiedener seelischer Kräfte nur schwer zu begreifen wären. Vor allem ist hier an den psychologischen Begriff des Destruktionstriebes zu denken, mit dem sich Freud in ›Das Unbehagen in der Kultur‹ befaßt. Der Faschismus ist als Rebellion gegen die Zivilisation nicht einfach eine Wiederho-

8 Ibid., S. 79.

lung des Archaischen, sondern dessen Wiedererzeugung in der Zivilisation durch die Zivilisation selbst. Es ist kaum hinreichend, die Antriebe der faschistischen Rebellion nur als mächtige Es-Energien zu bestimmen, die den Druck der bestehenden Gesellschaftsordnung abwerfen, sondern diese Rebellion erhält ihre Energien zum Teil von anderen psychologischen Instanzen, die in den Dienst des Unbewußten gezwungen werden.

Da die libidinöse Bindung zwischen den Massenmitgliedern offenbar keine ungehemmt sexuelle ist, entsteht die Frage, welche psychologischen Mechanismen die primäre sexuelle Energie in die Gefühlsbindungen umformen, welche die Masse zusammenhalten. Freud beantwortet sie durch die Analyse der unter dem Begriff der Suggestion und der Suggestibilität befaßten Erscheinungen. Er erkennt die Suggestion als einen »Schirm« oder eine »spanische Wand«, hinter der sich »Liebesbeziehungen« verbergen, wobei wesentlich ist, daß die hinter der Suggestion stehende »Liebesbeziehung« unbewußt bleibt[9]. Freud hält die Tatsache fest, daß in organisierten Massen wie der Kirche und dem Heer entweder von Liebe zwischen den Mitgliedern gar nicht gesprochen wird oder sie nur in mittelbarer und sublimierter Form ausgedrückt wird, durch Vermittlung eines religiösen Bildes, in dessen Verehrung die Mitglieder sich vereinigen und dessen allumfassende Liebe sie in ihrem Verhalten zu einander nachahmen sollen. Es ist bezeichnend, daß bei den künstlich vereinigten faschistischen Massen der heutigen Gesellschaft die Liebe fast gänzlich von der Erwähnung ausgeschlossen ist[10]. Hitler vermied die herkömmliche Rolle des liebenden Vaters und ersetzte sie durch die negative der

9 »Liebesbeziehungen [machen] auch das Wesen der Massenseele aus ... Erinnern wir uns daran, daß von solchen bei den Autoren nicht die Rede ist.« (Ibid., S. 100.)

10 Einer der Gründe für diese auffallende Erscheinung ist vielleicht der Umstand, daß, solange der faschistische Agitator nicht zur Macht gelangt

drohenden Autorität. Der Begriff der Liebe wurde auf die abstrakte Vorstellung »Deutschland« verschoben und selten ohne das Beiwort »fanatisch« ausgesprochen, wodurch auch diese Liebe noch einen Beiklang von Feindschaft und Aggressivität erhält gegen diejenigen, die sie nicht einschließt. Es ist ein Grundprinzip des faschistischen Führertums, die primäre Libido-Energie auf der unbewußten Ebene festzuhalten, um ihre Manifestationen in einer für die politischen Zwecke geeigneten Weise ablenken zu können. Je weniger eine objektive Idee, wie die religiöse Idee der Erlösung, in der Bildung der Masse eine Rolle spielt, und je mehr die Manipulation der Masse zum einzigen Zweck wird, um so gründlicher muß jede ungehemmte Liebe verdrängt und in Gehorsam umgeformt werden. Die faschistische Ideologie enthält zu wenig, das geliebt werden *könnte*.

Die libidinöse Struktur des Faschismus und die gesamte Technik faschistischer Demagogen ist autoritär. Und dies ist der Punkt, in dem die Techniken des Demagogen und des Hypnotiseurs mit dem psychologischen Mechanismus übereinkommen, der in den einzelnen die Regressionsprozesse verursacht, durch die sie zu bloßen Massengliedern werden. »Durch seine Maßnahmen weckt also der Hypnotiseur beim Subjekt ein Stück von dessen archaischer Erbschaft, die auch den Eltern entgegenkam und im Verhältnis zum Vater eine individuelle Wiederbelebung erfuhr, die Vorstellung von einer übermächtigen und gefährlichen Persönlichkeit, gegen die man sich nur passiv-masochistisch einstellen konnte, an

ist, die Massen, denen er gegenübertritt, primär nicht organisierte Massen, sondern die zufälligen Massen der Großstädte sind. Die lockere Verbundenheit solcher Menschenmengen macht die Betonung von Zusammenhalt und Disziplin auf Kosten des zentrifugalen, ungelenkten Liebesbedürfnisses zur Notwendigkeit. Es ist ein Teil der Aufgabe des Agitators, die Menge glauben zu machen, daß sie organisiert sei wie das Heer oder die Kirche. Daher die Tendenz zur Überorganisation. Organisation an sich wird zu einem Fetisch gemacht; anstatt Mittel wird sie Zweck, und diese Tendenz zieht sich durch die gesamten Reden des Agitators.

die man seinen Willen verlieren mußte, und mit der allein zu sein, ›ihr unter die Augen zu treten‹ ein bedenkliches Wagnis schien. Nur so etwa können wir uns das Verhältnis eines einzelnen der Urhorde zum Urvater vorstellen ... Der unheimliche, zwanghafte Charakter der Massenbildung, der sich in ihren Suggestionserscheinungen zeigt, kann also wohl mit Recht auf ihre Abkunft von der Urhorde zurückgeführt werden. Der Führer der Masse ist noch immer der gefürchtete Urvater, die Masse will immer noch von unbeschränkter Gewalt beherrscht werden, sie ist im höchsten Grade autoritätssüchtig, hat nach Le Bons Ausdruck den Durst nach Unterwerfung. Der Urvater ist das Massenideal, das an Stelle des Ichideals das Ich beherrscht. Die Hypnose hat ein gutes Anrecht auf die Bezeichnung: eine Masse zu zweit; für die Suggestion erübrigt die Definition einer Überzeugung, die nicht auf Wahrnehmung und Denkarbeit, sondern auf erotische Bindung gegründet ist.«[11]

Diese Stelle definiert in der Tat das Wesen und den Inhalt faschistischer Propaganda. Diese ist psychologisch wegen ih-

11 L. c., S. 142 f. Diese Schlüsselstelle der Freudschen Theorie der Massenpsychologie enthält zugleich die Erklärung einer der entscheidendsten Beobachtungen in bezug auf den faschistischen Charakter: die Veräußerlichung des Über-Ichs. Der Begriff »Ichideal« ist Freuds früherer Ausdruck für das, was er später das Über-Ich nannte. Dessen Ersetzung durch ein »Massen-Ich« ist genau das, was beim faschistischen Charakter geschieht. Solche Menschen entwickeln kein unabhängiges, autonomes Gewissen und ersetzen es durch die Identifizierung mit einer kollektiven Autorität, die so irrational ist, wie Freud sie beschrieb, heteronom, starr unterdrückend, dem eigenen Denken des Individuums weitgehend fremd, und darum trotz seiner strukturellen Starrheit leicht auswechselbar. Dies Phänomen drückt adäquat die nazistische Formel aus, daß gut ist, was dem deutschen Volke nützt. Das gleiche Schema wiederholt sich in den Reden der amerikanischen faschistischen Demagogen, die nie das eigene Gewissen ihrer prospektiven Anhänger ansprechen, sondern ständig äußerliche, konventionelle und stereotype Werte anrufen, die, fraglos angenommen und als autoritativ gültig behandelt, nie einem Prozeß lebendiger Erfahrung oder diskursiver Untersuchung unterworfen werden. Wie in dem Buch *The Authoritarian Personality* von Th. W. Adorno et al. (New York 1950) im einzelnen gezeigt

rer irrationalen, autoritären Zwecke, die nicht durch rationales Überzeugen, sondern nur durch ein geschicktes Wiedererwecken »eines Stückes der archaischen Erbschaft des Subjektes« erreicht werden können. Die faschistische Agitation hat deshalb ihr Zentrum in der Vorstellung des Führers, sei er nun wirklich Führer oder nur ein Vertreter von Gruppeninteressen, weil nur dies psychologische Bild die Idee des allmächtigen und drohenden Urvaters wiedererwecken kann. Das ist die letzte Wurzel der sonst rätselhaften Personalisierung, die für die faschistische Propaganda kennzeichnend ist, ihres ständigen Auftrumpfens mit Namen und vorgeblich großen Männern, das an die Stelle der Erörterung objektiver Ziele tritt. Die Bildung der Vorstellung einer allmächtigen und ungezügelten Vaterfigur, die den individuellen Vater weit überragt und sich deshalb zur Vergrößerung, zu einem »Massen-Ich« eignet, ist der einzige Weg, die »passiv-masochistische Einstellung«, in der »man seinen Willen verlieren muß«, zu proklamieren, eine Einstellung, die von den faschistischen Gefolgsleuten um so mehr gefordert werden muß, als das von ihnen geforderte politische Verhalten mit ihren eigenen rationalen Interessen als Privatpersonen und mit denen der Masse oder Klasse, der sie wirklich angehören, unvereinbar wird[12]. Vom Standpunkt

wird, findet man bei den Vorurteilsvollen gewöhnlich einen Glauben an konventionelle Werte an Stelle eigener moralischer Entscheidungen; für das Richtige sehen sie an, »was man tut«. Sie neigen mithin auch zur Unterwerfung unter ein Massen-Ich durch Identifizierung auf Kosten ihres eigenen Ichideals, welches virtuell völlig mit äußeren Werten vermischt wird.

12 Die Tatsache, daß der Masochismus der faschistischen Gefolgsleute unvermeidlich mit sadistischen Triebimpulsen verbunden ist, steht im Einklang mit Freuds allgemeiner Theorie der Ambivalenz, die ursprünglich im Zusammenhang mit dem Ödipuskomplex entwickelt wurde. Da die faschistische Integration der Individuen in Massen ihnen nur eine Ersatzbefriedigung bietet, bleibt der Groll gegen die Versagungen der Kultur erhalten, wird aber psychologisch in einer Weise dirigiert, die mit den Zielen des Führers vereinbar ist; sie wird psychologisch mit autoritärer Unterwürfigkeit verschmolzen. Daß Freud, obwohl er das Problem des später so genannten

des Führers ist darum die wiedererweckte Irrationalität der Geführten rational genug, denn er braucht »eine Überzeugung, die nicht auf Wahrnehmung und Denkarbeit, sondern auf erotische Bindung gegründet ist«.

Der Mechanismus, durch den die Libido in ein Bindemittel zwischen Führer und Geführten und zwischen den Geführten selbst verwandelt wird, ist die *Identifizierung*. Ihrer Analyse ist ein großer Teil von Freuds Buch gewidmet[13]. Es ist unmöglich, hier die sehr subtilen theoretischen Unterscheidungen zu erörtern, die Freud macht, besonders die zwischen Identifizierung und Introjektion. Erwähnt sei jedoch, daß der verstorbene Ernst Simmel, dem wir wertvolle Beiträge zum Problem der faschistischen Psychologie verdanken, Freuds Auffassung der ambivalenten Natur der Identifizierung als eines Abkömmlings der oralen Phase der Libidoentwicklung[14] aufgenommen und sie zu einer analytischen Theorie des Antisemitismus erweitert hat.

Wir begnügen uns mit einigen Bemerkungen über die Bedeutung der Identifizierungstheorie für die faschistische Propaganda und die faschistische Mentalität. Es wurde von mehreren Autoren, besonders von Erik Homburger Erikson, bemerkt, daß der faschistische Führertyp eigentlich keine Vaterfigur, wie der König früherer Zeiten, zu sein scheint. Diese Beobachtung widerstreitet Freuds Theorie des Führers als Urvater nur oberflächlich. Seine Erörterung der Identifizierung kann uns helfen, in Begriffen subjektiver

»Sadomasochismus« nicht aufwirft, sich doch durchaus seiner bewußt war, zeigt sich in seiner Übernahme der Darstellung Le Bons: »Da die Masse betreffs des Wahren oder Falschen nicht im Zweifel ist und dabei das Bewußtsein ihrer großen Kraft hat, ist sie ebenso intolerant wie autoritätsgläubig. Sie respektiert die Kraft und läßt sich von der Güte, die für sie nur eine Art von Schwäche bedeutet, nur mäßig beeinflussen. Was sie von ihren Helden verlangt, ist Stärke, selbst Gewalttätigkeit. Sie will beherrscht und unterdrückt werden und ihren Herrn fürchten.« (L. c., S. 83 f.)

13 Cf. l. c., S. 113 ff.

14 Cf. ibid., S. 116.

Dynamik gewisse Veränderungen zu verstehen, die tatsächlich objektiven historischen Bedingungen zuzuschreiben sind. Die Identifizierung ist die »früheste Äußerung einer Gefühlsbindung an eine andere Person«, und sie »spielt in der Vorgeschichte des Ödipuskomplexes eine Rolle«[15]. Vielleicht ist es diese präödipale Komponente der Identifizierung, was die Trennung der Vorstellung des Führers als eines allmächtigen Urvaters vom wirklichen Vater zustande bringt. Da die Identifizierung des Kindes mit seinem Vater in Reaktion auf den Ödipuskomplex nur eine sekundäre Erscheinung ist, kann die infantile Regression über dies Vaterbild hinausgehen und durch einen »anaklitischen« Prozeß ein archaischeres erreichen. Ferner kann der primitiv narzißtische Aspekt der Identifizierung als Akt des *Verschlingens,* der Einverleibung des geliebten Objektes, einen Schlüssel zu der Tatsache liefern, daß der moderne Führer weniger ein Bild des Vaters zu sein scheint, dessen Rolle in der heutigen Gesellschaft in den späteren Kindheitsphasen des Subjektes wahrscheinlich abgenommen hat[16], als eine Vergrößerung der eigenen Persönlichkeit, eine kollektive Selbstprojektion. Alles dies sind Aspekte, die weiterer Klärung bedürfen.

Die wesentliche Rolle des Narzißmus für die Identifizierungen, die bei der Bildung faschistischer Massen wirksam sind, wird in Freuds Theorie der *Idealisierung* erkannt. »Wir erkennen, daß das Objekt so behandelt wird wie das eigene Ich, daß also in der Verliebtheit ein größeres Maß narzißtischer Libido auf das Objekt überfließt. Bei manchen Formen der Liebeswahl wird es selbst augenfällig, daß das Objekt dazu dient, ein eigenes, nicht erreichtes Ichideal zu ersetzen. Man liebt es wegen der Vollkommenheit, die man fürs eigene Ich angestrebt hat und die man sich nun auf diesem Um-

15 Ibid., S. 115.

16 Cf. Max Horkheimer, *Authoritarianism and the Family Today,* in: R. N. Anshen (Hg.), *The Family. Its Function and Destiny,* New York 1949.

weg zur Befriedigung seines Narzißmus verschaffen möchte.«[17] Eben diese Idealisierung seiner Person sucht der faschistische Führer bei den Geführten zu fördern, und ihr dient die Ideologie des »Führers«. Die Menschen, mit denen er zu rechnen hat, befinden sich in der Regel in dem charakteristischen modernen Konflikt zwischen einer sehr entwikkelten, auf Selbsterhaltung eingestellten Ich-Instanz und dem ständigen Mißerfolg, den Ansprüchen des eigenen Ichs zu genügen. Aus diesem Konflikt resultieren starke narzißtische Triebimpulse, die nur durch die Idealisierung, als teilweise Übertragung der narzißtischen Libido auf das Objekt, absorbiert und befriedigt werden können. Dies stimmt wiederum damit überein, daß der Führer wie eine Vergrößerung des Subjekts aussieht: Indem er den Führer zu seinem Ideal macht, liebt der Mensch eigentlich sich selbst, nur unter Beseitigung der Mißerfolgs- und Unzufriedenheitsmale, die sein Bild vom eigenen, empirischen Selbst entstellen. Diese Identifizierung durch Idealisierung, die die Karikatur der wahren, bewußten Solidarität ist, ist jedoch ein kollektiver Vorgang und wirkt in einer ungeheuer großen Zahl von Menschen mit ähnlich gearteten Charakteranlagen und Libidodispositionen. Die faschistische »Volksgemeinschaft« entspricht genau Freuds Definition der Masse als einer »Anzahl von Individuen, die ein und dasselbe Objekt an die Stelle ihres Ichideals gesetzt und sich infolgedessen in ihrem Ich miteinander identifiziert haben«[18]. Andererseits ist die urvaterhafte Allmacht des Führerbildes gewissermaßen von der Macht des Kollektivs geliehen.

Freuds psychologische Konstruktion der verschiedenen Züge der Führerphantasie wird bestätigt durch ihre schlagende Übereinstimmung mit dem faschistischen Führertyp oder doch mit dessen öffentlich erzeugtem Bild. Seine Beschreibungen passen ebenso auf Hitler wie auf die Idealisie-

17 Freud, l. c., S. 124.
18 Ibid., S. 128.

rungen, zu welchen die amerikanischen Demagogen sich zu stilisieren suchen. Aus der Einsicht, daß der Führer selbst als absolut narzißtisch erscheinen muß, um die narzißtische Identifizierung zu ermöglichen, leitet Freud eine Beschreibung des »Urvaters der Horde« ab, die durchaus eine Beschreibung Hitlers sein könnte: »Zu Eingang der Geschichte war er der *Übermensch*[19], den Nietzsche erst von der Zukunft erwartete. Noch heute bedürfen die Massenindividuen der Vorspiegelung, daß sie in gleicher und gerechter Weise vom Führer geliebt werden, aber der Führer selbst braucht niemand anderen zu lieben, er darf von Herrennatur sein, absolut narzißtisch, aber selbstsicher und selbständig. Wir wissen, daß die Liebe den Narzißmus eindämmt, und könnten nachweisen, wie sie durch diese Wirkung Kulturfaktor geworden ist.«[20]

Dies erklärt einen der auffälligsten Züge der Reden der Agitatoren, nämlich das völlige Fehlen irgendeines positiven Programms, wie überhaupt von etwas, das sie geben könnten, und das paradoxe Vorherrschen von Versagungen und Drohungen: Der Führer kann nur geliebt werden, wenn er selbst nicht liebt. Aber Freud kennt noch einen anderen, diesem scheinbar widersprechenden Aspekt der Führervorstellung. Während nämlich einerseits der Führer als Übermensch erscheinen muß, muß er andererseits gleichzeitig das Wunder vollbringen, auch als Durchschnittsmensch zu erscheinen, so wie Hitler als eine Verbindung von King-Kong und Vorstadtfriseur posierte. Freud erklärt auch dies durch seine Theorie des Narzißmus. Daß die individuellen Erwerbungen des einzelnen in der Masse untergingen, sagt Freud,

19 Vielleicht ist es hier am Platze zu bemerken, daß Nietzsches Konzeption des Übermenschen mit diesen archaischen Vorstellungen ebensowenig zu tun hat wie seine Zukunftsvision mit dem Faschismus. Freuds Anspielung gilt offenbar nur für den »Übermenschen«, wie er in billigen Clichés popularisiert wurde.

20 Freud, l. c., S. 138.

heiße, »daß der einzelne sein Ichideal aufgibt und es gegen das im Führer verkörperte Massenideal vertauscht ... Die Sonderung von Ich und Ichideal ist [aber] bei vielen Individuen nicht so weit vorgeschritten, die beiden fallen noch leicht zusammen, das Ich hat sich oft die frühere narzißtische Selbstgefälligkeit bewahrt. Die Wahl des Führers wird durch dies Verhältnis sehr erleichtert. Er braucht oft nur die typischen Eigenschaften dieser Individuen in besonders scharfer und reiner Ausprägung zu besitzen und den Eindruck größerer Kraft und libidinöser Freiheit zu machen, so kommt ihm das Bedürfnis nach einem starken Oberhaupt entgegen und bekleidet ihn mit der Übermacht, auf die er sonst vielleicht keinen Anspruch hätte. Die anderen, deren Ichideal sich in seiner Person sonst nicht ohne Korrektur verkörpert hätte, werden dann ›suggestiv‹, das heißt durch Identifizierung mitgerissen.«[21]

Hiermit sind in Freuds Theorie sogar die auffälligen Minderwertigkeitssymptome des faschistischen Führers, seine Ähnlichkeit mit Schmierenschauspielern und asozialen Psychopathen antizipiert. Wegen der Anteile der narzißtischen Libido der Geführten, die nicht in das Führerbild investiert werden, sondern die mit dem eigenen Ich verbunden bleiben, muß der Übermensch zugleich doch noch dem Geführten ähnlich sein und als seine »Vergrößerung« erscheinen. Einer der Hauptkunstgriffe der personalisierenden faschistischen Propaganda ist darum der Topos des »großen kleinen Mannes«, einer Person, die ebenso die Vorstellung von Allmacht erweckt wie die, daß er bloß einer von den Geführten, ein weder durch materiellen noch durch geistigen Reichtum verdorbener »plain, red-blooded American« ist. Dies soziologische Wunder vollbringt die psychologische Ambivalenz. Das Bild des Führers befriedigt den doppelten Wunsch der Geführten, sich der Autorität zu unterwerfen und zugleich selbst Autorität zu sein. Dies entspricht einer

21 Ibid., S. 144 f.

Welt, in der irrationale Herrschaft ausgeübt wird, obwohl sie durch universelle Aufklärung ihre innere Überzeugungskraft verloren hat. Die Menschen, die dem Befehl der Diktatoren gehorchen, fühlen zugleich, daß diese überflüssig sind, und sie lösen diesen Widerspruch durch die Vorstellung, selbst der rücksichtslose Unterdrücker zu sein.

Alle Standardtricks der Agitatoren folgen den Umrissen von Freuds Enthüllung dessen, was später die Grundstruktur der faschistischen Demagogie wurde, der Technik der Personalisierung[22] und der Idee des großen kleinen Mannes. Wir beschränken uns hierfür auf einige beliebig herausgegriffene Beispiele.

Freud gibt erschöpfende Rechenschaft von dem hierarchischen Element in irrationalen Massen: »Es ist evident, daß der Soldat seinen Vorgesetzten, also eigentlich den Armeeführer zum Ideal nimmt, während er sich mit seinesgleichen identifiziert und aus dieser Ichgemeinsamkeit die Verpflichtungen der Kameradschaft zur gegenseitigen Hilfeleistung und Güterteilung ableitet. Aber er wird lächerlich, wenn er sich mit dem Feldherrn identifizieren will«[23] – nämlich bewußt und direkt. Bis hinab zum letzten Winkeldemagogen betonen die Faschisten beständig rituelle Zeremonien und Rangunterschiede. Je weniger Hierarchie in der Struktur einer hoch rationalisierten und quantifizierten Industriege-

22 Für weitere Einzelheiten über Personalisierung cf. Freud, l. c., S. 103, wo die Beziehungen zwischen Ideen und Heerführern diskutiert werden, und S. 109 f., wo er den Begriff eines »sekundären Führers« definiert. In der technischen Zivilisation ist eine *unmittelbare* Übertragung auf den in Wirklichkeit ja unbekannten und fernen Führer nicht möglich, sondern nur eine regressive Repersonalisierung unpersönlicher, abstrakter sozialer Mächte. Diese Möglichkeit hat Freud schon klar erkannt. Er nennt als eines der Probleme, die die Massenpsychologie untersuchen könnte, »ob nicht eine gemeinsame Tendenz, ein Wunsch, an dem eine Vielheit Anteil nehmen kann, den nämlichen Ersatz leistet. Dieses Abstrakte könnte sich wiederum mehr oder weniger vollkommen in der Person eines gleichsam sekundären Führers verkörpern.«

23 L. c., S. 150.

sellschaft gerechtfertigt ist, desto mehr werden aus rein psychotechnischen Gründen von den Faschisten künstliche Hierarchien ohne objektive raison d'être konstruiert und auferlegt. Doch ist dies nicht die einzige Libidoquelle, die hier beteiligt ist. So stimmen hierarchische Strukturen auch völlig mit den Wünschen des sadomasochistischen Charakters überein. Hitlers berühmte Formel »Verantwortung nach oben, Autorität nach unten« ist die präzise Rationalisierung der Ambivalenz dieses Charakters, für den der deutsche Volksmund die Bezeichnung »Radfahrernatur« fand.

Die Tendenz, »nach unten zu treten«, die sich katastrophal in der Verfolgung wehrloser und schwacher Minderheiten äußert, ist ein ebenso ausgesprochener Zug dieses Charakters wie der Haß auf die, die draußen sind. Praktisch fallen beide Tendenzen häufig zusammen. Freuds Theorie wirft Licht auf die alles durchdringende starre Unterscheidung der geliebten Eigengruppe und der abgelehnten Fremdgruppe. Diese Denk- und Handlungsweise ist in unserer ganzen Kultur so selbstverständlich geworden, daß selten ernstlich genug gefragt wird, warum denn Menschen lieben, was ihresgleichen, und hassen, was anders ist. Die Ursache der Produktivität der Methode Freuds ist hier, ebenso wie in vielen anderen Fällen, daß er etwas, das zuvor einfach akzeptiert wurde, untersucht. Le Bon hatte bemerkt, daß die irrationale Masse »sofort zum Äußersten geht«[24]. Freud erweitert diese Beobachtung und weist darauf hin, daß die Dichotomie von eigener und Fremdgruppe so tief seelisch verwurzelt ist, daß sie auch solche Massen bestimmt, von denen man glauben sollte, daß ihre Ideen solche Reaktionen ausschließen. Aus dieser Einsicht heraus konnte er sich schon 1921 von der liberalistischen Illusion befreien, daß der Fortschritt der Zivilisation automatisch zunehmende Duldung und ein Abnehmen der Brutalität gegen Fremdgruppen her-

24 Ibid., S. 83.

vorbringen werde. »Außerhalb dieser Bindung stehen aber auch während des Reiches Christi jene Individuen, die nicht zur Glaubensgemeinschaft gehören, die ihn nicht lieben und die er nicht liebt; darum muß eine Religion, auch wenn sie sich die Religion der Liebe heißt, hart und lieblos gegen diejenigen sein, die ihr nicht angehören. Im Grunde ist ja jede Religion eine solche Religion der Liebe für alle, die sie umfaßt, und jeder liegt Grausamkeit und Intoleranz gegen die nicht dazugehörigen nahe. Man darf, so schwer es einem auch persönlich fällt, den Gläubigen daraus keinen zu argen Vorwurf machen; Ungläubige und Indifferente haben es in diesem Punkte psychologisch um so viel leichter. Wenn diese Intoleranz sich heute nicht mehr so gewalttätig und grausam kundgibt wie in früheren Jahrhunderten, so wird man daraus kaum auf eine Milderung in den Sitten der Menschen schließen dürfen. Weit eher ist die Ursache davon in der unleugbaren Abschwächung der religiösen Gefühle und der von ihnen abhängigen libidinösen Bindungen zu suchen. Wenn eine andere Massenbindung an die Stelle der religiösen tritt, wie es jetzt der sozialistischen zu gelingen scheint, so wird sich dieselbe Intoleranz gegen die Außenstehenden ergeben wie im Zeitalter der Religionskämpfe, und wenn die Differenzen wissenschaftlicher Anschauungen je eine ähnliche Bedeutung für die Massen gewinnen könnten, würde sich dasselbe Resultat auch für diese Motivierung wiederholen.«[25]

Freuds richtige Prophezeiung der faschistischen Destruktivität, des Triebes, die Fremdgruppe zu eleminieren[26], und sein Irrtum der politischen Prognose, daß er den »Soziali-

25 Ibid., S. 107 f.

26 Zur Rolle »neutralisierter« Religion in der Zusammensetzung der faschistischen Mentalität cf. *The Authoritarian Personality*. Wichtige psychoanalytische Beiträge zum gleichen Problemgebiet finden sich bei Theodor Reik, *Der eigene und der fremde Gott. Zur Psychoanalyse der religiösen Entwicklung*, Leipzig/Wien/Zürich 1923, und bei Paul Federn, *Zur Psychologie der Revolution. Die vaterlose Gesellschaft*. Leipzig/Wien 1919.

sten« anrechnet, was in Deutschland ihre geschworenen Feinde getan haben, sind hier gleich auffallend. Tatsächlich scheint die Neutralisierung der Religion gerade zum Gegenteil dessen geführt zu haben, was der Aufklärer Freud erwartete: die Trennung in Gläubige und Ungläubige ist aufrechterhalten und verdinglicht worden, aber sie wurde dabei zu einer unabhängig von allem Ideengehalt bestehenden Struktur an sich, die nach dem Verlust ihrer inneren Überzeugungskraft nur um so hartnäckiger verteidigt wird. Zugleich ging der mildernde Einfluß der religiösen Lehre der Liebe verloren. Dies aber ist das Wesen des von allen faschistischen Agitatoren gebrauchten Motivs der »Böcke und Schafe«. Weil sie für Erwählung oder Verdammung kein geistiges Kriterium anerkennen, ersetzen sie dieses durch ein pseudo-naturhaftes wie Rasse[27], das unentrinnbar scheint und darum noch unerbittlicher gebraucht werden kann als im Mittelalter der Begriff der Ketzerei. Freud hat die libidinöse Funktion dieses Motivs erkannt. Es wirkt als eine negativ integrierende Kraft. Da die positive Libido ganz in das Urvaterbild investiert ist und positive Inhalte kaum verfügbar sind, muß ein negativer gefunden werden. »Der Führer oder die führende Idee könnten auch sozusagen negativ werden; der Haß gegen eine bestimmte Person oder Institution könnte ebenso einigend wirken und ähnliche Gefühlsbindungen hervorrufen wie die positive Anhänglichkeit.«[28]

27 Es ist hier anzumerken, daß sich in der Rassenideologie deutlich die Idee der Bruderhorde widerspiegelt, die nach Freud in der zur Massenbildung gehörenden primitiven Regression wiederbelebt wird. Mit dem Bruderverhältnis hat die Vorstellung der Rasse zwei Eigenschaften gemeinsam: sie gilt für eine »natürliche, blutsmäßige Bindung«, und sie ist desexualisiert. Im Faschismus wird diese Ähnlichkeit unbewußt gehalten. Er erwähnt Brüderlichkeit nur selten und meist nur in Anwendung auf *außerhalb* der Grenzen des Reichs lebende Deutsche (»unsere sudetendeutschen Brüder«). Dies liegt selbstverständlich zum Teil an Reminiszenzen des Ideals der fraternité in der Französischen Revolution, das für die Nazis tabu war.

28 Freud, l. c., S. 110.

Es ist klar, daß diese negative Integration aus dem Destruktionstrieb gespeist wird, den Freud in der ›Massenpsychologie‹ nicht ausdrücklich nennt, dessen entscheidende Rolle er aber in ›Das Unbehagen in der Kultur‹ erkannte. Im gegenwärtigen Zusammenhang erklärt Freud die Feindseligkeit gegen die Fremdgruppe durch Narzißmus: »In den unverhüllt hervortretenden Abneigungen und Abstoßungen gegen nahestehende Fremde können wir den Ausdruck einer Selbstliebe, eines Narzißmus, erkennen, der seine Selbstbehauptung anstrebt und sich so benimmt, als ob das Vorkommen einer Abweichung von seinen individuellen Ausbildungen eine Kritik derselben und eine Aufforderung, sie umzugestalten, mit sich brächte.«[29]
Der narzißtische Gewinn, den die faschistische Propaganda verschafft, ist offensichtlich. Sie sagt immerzu, manchmal in ziemlich verschrobener Weise, daß die Anhänger, einfach weil sie dazugehören, besser, höherstehend und reiner seien als die, die ausgeschlossen sind. Zugleich wird jederlei Kritik oder Selbsterkenntnis als narzißtische Einbuße übelgenommen und ruft Wut hervor. Das erklärt die heftige Reaktion aller Faschisten gegen alles, was ihnen als »zersetzend« gilt, was die von ihnen borniert festgehaltenen Werte entwertet, und die Feindschaft vorurteilsvoller Menschen gegen jederlei Introspektion. Die Konzentration der Feindseligkeit auf die Fremdgruppe beseitigt zugleich die Intoleranz innerhalb der eigenen Masse, zu welcher sonst ein höchst ambivalentes Verhältnis bestünde. »Aber all diese Intoleranz schwindet, zeitweilig oder dauernd, durch die Massenbildung und in der Masse. Solange die Massenbildung anhält oder soweit sie reicht, benehmen sich die Individuen, als wären sie gleichförmig, dulden sie die Eigenart des anderen, stellen sich ihm gleich und verspüren kein Gefühl der Abstoßung gegen ihn. Eine solche Einschränkung des Narzißmus kann nach unseren theoretischen Anschauungen nur durch ein Moment er-

29 Ibid., S. 111.

zeugt werden, durch libidinöse Bindung an andere Personen.«[30]
Dies ist die Funktion des »Einheitstricks« der Agitatoren. Sie betonen ihre Verschiedenheit vom Draußenstehenden und schwächen zugleich Verschiedenheiten innerhalb der eigenen Gruppe ab, mit Ausnahme, wie sich versteht, der hierarchischen, und ebnen sie ein. »Wir sitzen alle im selben Boot«; keinem soll es besser gehen; der Snob, der Intellektuelle, der Genießer werden attackiert. Eine Komponente der faschistischen Propaganda und des Faschismus überhaupt ist der Unterstrom des hämischen Egalitarismus, der Brüderlichkeit allumfassender Erniedrigung, der im von Hitler befohlenen Eintopfgericht sein Symbol fand. Je weniger sie die der Gesellschaft inhärente Struktur geändert sehen wollen, um so mehr reden sie von einer sozialen Gerechtigkeit, deren Sinn es ist, daß kein Mitglied der »Volksgemeinschaft« sich individuellem Genuß überlassen darf. Ein repressiver Egalitarismus statt der Verwirklichung wahrer Gleichheit durch die Abschaffung der Unterdrückung ist ein wesentlicher Teil der faschistischen Denkweise und findet Ausdruck in der »Wenn ihr wüßtet...«-Technik der Agitatoren, die im Versprechen der rachsüchtigen Enthüllung aller möglichen verbotenen Genüsse, die andere sich leisten, besteht. Freud erklärt dies Phänomen durch die Verwandlung der Individuen in Mitglieder einer psychologischen »Bruderhorde«. Ihr Zusammenhalt ist eine in den Dienst der Massenbindung gestellte Reaktionsbildung gegen ihre primäre gegegenseitige Eifersucht. »Was man dann später in der Gesellschaft als Gemeingeist, esprit de corps usw. wirksam findet, verleugnet nicht seine Abkunft vom ursprünglichen Neid. Keiner soll sich hervortun wollen, jeder das gleiche sein und haben. Soziale Gerechtigkeit will bedeuten, daß man sich selbst vieles versagt, damit auch die anderen darauf verzichten müssen, oder was dasselbe ist, es nicht fordern können.«[31]

30 Ibid., S. 112. 31 Ibid., S. 134.

Man kann hinzufügen, daß die Ambivalenz gegen den Bruder in der Technik der Agitatoren einen schlagenden, in ihren Reden immer wiederkehrenden Ausdruck gefunden hat. Freud und Rank haben darauf hingewiesen, daß in den Märchen kleine Tiere wie Ameisen und Bienen »die Brüder der Urhorde [waren], wie ja auch in der Traumsymbolik Insekten, Ungeziefer die Geschwister (verächtlich: als kleine Kinder) bedeuten«.[32] Da es den Mitgliedern der »Wir«-Gruppe, wie vorausgesetzt wird, gelungen ist, sich »durch die gleiche Liebe zu dem nämlichen Objekt miteinander [zu] identifizieren«[33], können sie diese gegenseitige Verachtung nicht eingestehen. Sie wird darum in einer völlig negativen Besetzung dieser niedrigen Tiere ausgedrückt, mit dem Haß auf die Fremdgruppe verbunden und auf diese projiziert. Tatsächlich ist ein Lieblingsmotiv faschistischer Agitatoren, das Leo Lowenthal im einzelnen untersucht hat[34], der Vergleich der Fremdgruppen, aller Fremden und insbesondere der Flüchtlinge und Juden, mit niedrigen Tieren und Ungeziefer.

Wenn wir berechtigt sind, eine Beziehung der Stimuli der faschistischen Propaganda zu den Mechanismen, die Freud in seiner ›Massenpsychologie‹ entwickelte, anzunehmen, wird die Frage unvermeidlich, wie die faschistischen Agitatoren, roh und halbgebildet wie sie waren, von diesen Mechanismen wissen konnten. Es würde nicht weit führen, hier auf den Einfluß von Hitlers ›Mein Kampf‹ auf die amerikanischen Demagogen hinzuweisen, da Hitlers eigenes theoretisches Wissen über Massenpsychologie kaum über die allertrivialsten Beobachtungen eines popularisierten Le Bon hinausgereicht haben kann. Auch daß Goebbels ein mit den fortgeschrittensten Erkenntnissen der Tiefenpsychologie vertrauter, überlegener Propaganda-Manipulator war, ist

32 Ibid., S. 153.
33 Ibid., S. 133.
34 Cf. Lowenthal und Guterman, *Prophets of Deceit*, op. cit.

eine unhaltbare Vorstellung. Die Lektüre seiner Reden und von Auszügen aus seinen unlängst veröffentlichten Tagebüchern vermitteln vielmehr den Eindruck eines Mannes, der intelligent genug für das Spiel der Machtpolitik war, aber flach und ungebildet, was die gesellschaftlichen und psychologischen Probleme betrifft, die tiefer liegen als die Oberflächlichkeit seiner eigenen Leitartikel und Schlagworte. Die Vorstellung vom subtilen und »radikalen« Intellektuellen Goebbels ist ein Teil der an seinen Namen geknüpften, von einem betriebsamen Journalismus genährten Teufelslegende, die nichts erklärt, sondern selbst einer psychoanalytischen Erklärung bedarf. Goebbels dachte selbst in Clichés und stand völlig im Bann der Personalisierung. Für die vielberedete Beherrschung massenpsychologischer Techniken durch die Faschisten müssen wir deshalb andere Quellen als wissenschaftliche Belesenheit suchen. Die wichtigste dürfte die schon erwähnte, einen Aspekt der Identifizierung bildende Ähnlichkeit zwischen Führer und Geführten sein. Der Führer kann die seelischen Bedürfnisse und Wünsche der für seine Propaganda Anfälligen erraten, weil er ihnen seelisch ähnlich ist, und was ihn von ihnen unterscheidet, ist nicht irgendeine echte Überlegenheit, sondern die Fähigkeit, das, was in ihnen latent ist, ohne ihre Hemmungen auszudrükken. Die Führer sind in der Regel orale Charaktertypen mit einem Zwang zum unaufhörlichen Reden und Beschwatzen anderer. Ihre berühmte Macht über die Geführten scheint weitgehend auf dieser ihrer Oralität zu beruhen: die Sprache selbst, von rationaler Bedeutung entleert, funktioniert bei ihnen magisch und fördert die archaischen Regressionen, durch die die Individuen zu Massenmitgliedern herabgesetzt werden. Da diese Eigenschaft ungehemmten, aber weitgehend bloß assoziativen Redens einen zumindest zeitweiligen Mangel an Ichkontrolle voraussetzt, ist sie eher ein Zeichen von Schwäche als von Stärke. Und in der Tat ist die Machtprahlerei der faschistischen Agitatoren oft von Zeichen solcher Schwäche begleitet, besonders dem Betteln um Geldbeträge, die natürlich in die Vorstellung von Macht geschickt hineingemischt werden. Um die unbewußten Dispositionen seines Publikums richtig zu treffen, kehrt der Agitator gewissermaßen einfach sein eigenes Unbewußtes nach außen. Sein besonderes Charaktersyndrom ermöglicht ihm dies, und durch Erfahrung hat er gelernt, diese Fähigkeit bewußt auszunutzen und – ähnlich wie der Schauspieler und ein bestimmter Journalistentyp, der seine Innervationen und seine Sensibilität zu verkaufen weiß – seine Irrationalität rational zu gebrauchen. Er kann, ohne es selbst zu wissen, der psychologischen Theorie entsprechend reden und sich gebärden aus dem einfachen Grunde, weil die psychologische Theorie wahr ist. Er braucht nur seine eigene Psychologie geschickt einzusetzen, um die Psychologie seiner Zuhörer in Gang zu bringen.

Die Angepaßtheit der Agitatorentricks an die psychologische Basis ihrer Ziele wird noch durch einen anderen Faktor verstärkt. Wir wissen, daß faschistische Agitation zu einem Beruf, zu einer Erwerbsquelle geworden ist. In diesem Prozeß ist Zeit gewesen, die Wirksamkeit der verschiedenen Reize zu erproben, so daß eine Art natürlicher Selektion der zugkräftigsten stattgefunden hat. Ihre Effektivität ist darum selbst eine Funktion der Psychologie ihrer Konsumenten. In einem Erstarrungsprozeß derselben Art, wie er bei sämtlichen Techniken der modernen Massenkultur zu beobachten ist, sind die Propagandareize ähnlich standardisiert worden wie die Werbeslogans, die sich zur Umsatzsteigerung als am wirksamsten erwiesen haben. Und diese Standardisierung selbst trifft wieder zusammen mit dem stereotypen Denken, der »Stereopathie«, der für die Propaganda Anfälligen und ihrem infantilen Wunsch nach endloser, unveränderter Wiederholung. Ob diese psychologische Disposition die Abnutzung der Tricks der Agitatoren durch übermäßige Wiederholung verhindern wird, ist schwer vorauszusagen. Jedermann in Deutschland spottete unter dem Nationalsozialismus über bestimmte Propagandaphrasen wie »Blut und Boden«, was zu »Blubo« abgekürzt wurde, oder den Begriff der nordischen Rasse, von dem das parodistische Verb »aufnorden« abgeleitet wurde, ohne daß doch diese Lockmittel deshalb ihre Attraktion eingebüßt hätten. Vielmehr scheint eben ihre Unechtheit zynisch und sadistisch als ein Ausdruck der Tatsache genossen worden zu sein, daß im Dritten Reich allein die durch keine rationale Objektivität gebundene Macht das Schicksal der Menschen bestimmte.

Eine weitere Frage, die aufgeworfen werden kann, ist, warum die angewandte Massenpsychologie, von der hier die Rede ist, nur dem Faschismus eigentümlich ist, und nicht auch den meisten anderen Bewegungen, die Massenunterstützung suchen. Daß dies so ist, zeigt selbst der flüchtigste Vergleich faschistischer Propaganda mit der Propaganda liberaler und fortschrittlicher Parteien. Aber weder Freud noch Le Bon haben daran gedacht, eine solche Unterscheidung zu machen, sondern beide sprachen – ähnlich wie es bei der Kategorienbildung der formalen Soziologie geschieht – von Massen »als solchen«, ohne nach den politischen Zielen der in Rede stehenden Massen zu differenzieren. Tatsächlich dachten beide an traditionelle sozialistische Bewegungen und nicht an deren Gegenteil, obwohl zu bemerken ist, daß Kirche und Heer, die Freud als Beispiele zur Demonstration seiner Theorie wählte, beide wesentlich konservative und hierarchische Organisationen sind. Le Bon seinerseits befaßt sich hauptsächlich mit nichtorganisierten, spontanen, ephemeren Massen. Nur eine über den Bereich der Psychologie weit hinausreichende entfaltete Theorie der Gesellschaft könnte die Frage, die hier aufgeworfen wurde, ganz beantworten. Wir begnügen uns daher mit einigen Andeutungen. Erstens sind die objektiven Zwecke des Faschismus weitgehend irrational, da sie, ungeachtet der Rüstungskonjunktur in den ersten Jahren des Hitlerregimes in

Deutschland, den materiellen Interessen einer großen Zahl derer, die sie zu erfassen versuchen, widersprechen. Die im Wesen des Faschismus liegende ständige Kriegsgefahr bedeutet Zerstörung, und die Massen erkennen das wenigstens vorbewußt. Darum spricht der Faschismus nicht durchaus die Unwahrheit, wenn er von den ihm innewohnenden irrationalen Kräften redet, mag auch die Mythologie gefälscht sein, die das Irrationale ideologisch rationalisiert. Da es dem Faschismus unmöglich wäre, die Massen durch rationale Argumente zu gewinnen, muß seine Propaganda sich notwendig vom diskursiven Denken abwenden, um sich statt dessen psychologisch zu orientieren und irrationale, unbewußte, regressive Prozesse zu mobilisieren. Diese Aufgabe wird durch die seelische Verfassung all der Gesellschaftsschichten erleichtert, die unter sinnlosen Versagungen leiden und darum eine verkümmerte, irrationale Mentalität entwickeln. Vielleicht liegt das Geheimnis der faschistischen Propaganda darin, daß sie einfach die Menschen als das nimmt, was sie sind: echte, ihrer Selbständigkeit und Spontaneität weitgehend beraubte Kinder der heutigen standardisierten Massenkultur – und nicht Ziele aufstellt, deren Verwirklichung ebenso über den psychologischen wie über den gesellschaftlichen Status quo hinausginge. Die faschistische Propaganda braucht nur die bestehende Seelenverfassung für ihre Zwecke zu *reproduzieren,* sie braucht keine Veränderung hervorzubringen; und die zwanghafte Wiederholung, die eins ihrer Hauptkennzeichen ist, fällt mit der Notwendigkeit dieser andauernden Reproduktion zusammen. Sie verläßt sich gänzlich ebenso auf die Gesamtstruktur wie auf die einzelnen Züge des autoritätsgebundenen Charakters, der selber das Produkt einer Verinnerlichung der irrationalen Aspekte der modernen Gesellschaft ist. Unter den vorherrschenden Bedingungen wird die Irrationalität der faschistischen Propaganda triebökonomisch rational; denn bei einem versteinerten, als selbstverständlich angenommenen Status quo erfordert es eine viel größere Anstrengung, ihn zu durchschauen, als sich ihm anzupassen und wenigstens aus der Identifizierung mit dem Bestehenden – dem Brennpunkt der faschistischen Propaganda – einen dürftigen Lustgewinn zu ziehen. Dies dürfte erklären, warum ultrareaktionäre Massenbewegungen viel mehr mit der »Psychologie der Massen« arbeiten als Bewegungen, die mehr auf die Massen vertrauen. Doch kann zweifellos selbst die fortschrittlichste politische Bewegung auf die Ebene der »Massenpsychologie« und deren Manipulation herabsinken, wenn ihr eigener rationaler Gehalt durch Rückkehr zu blinder Machtpolitik zerrüttet wird.

Die sogenannte Psychologie des Faschismus wird weitgehend manipulativ erzeugt. Was man naiv als die »natürliche« Irrationalität der Masse ansieht, wird durch rational berechnete Techniken hervorgebracht. Diese Einsicht hilft uns die Frage zu beantworten, ob der Faschismus als Massenphänomen überhaupt psychologisch erklärt werden kann. Während es außer Zweifel steht, daß eine potentielle Anfälligkeit für Faschismus bei den Massen existiert, ist es andererseits ebenso sicher, daß die Manipulation des Unbewußten, die Suggestion, die Freud genetisch erklärt, für die Aktualisierung dieses Potentials unentbehrlich ist. Das aber heißt, daß der Faschismus eigentlich *kein* psychologisches Problem ist, und daß jeder Versuch, seine Wurzeln und seine historische Rolle psychologisch zu erklären, noch auf der Ebene solcher Ideologien wie der von den »irrationalen Kräften« verbleibt, die vom Faschismus selbst verbreitet werden. So gewiß der faschistische Agitator bestimmte innere Tendenzen derer aufgreift, an die er sich wendet, so tut er das doch als Agent mächtiger wirtschaftlicher und politischer Interessen. Es ist nicht so, daß psychologische Dispositionen wirklich Faschismus verursachen, sondern »Faschismus« bezeichnet eigentlich ein psychologisches Gebiet, das von Kräften, die ihn aus ganz unpsychologischen Interessengründen fördern, erfolgreich ausgenutzt werden kann. Wenn Massen von der faschistischen Propaganda ergriffen werden, so ist dies kein spontan-ursprünglicher Ausdruck von Trieben und Instinkten, sondern eine quasi wissenschaftliche Wiederbelebung ihrer Psychologie – die künstliche Regression, die Freud in seiner Erörterung der organisierten Massen beschrieb. Die Psychologie der Masse ist von ihren Führern beschlagnahmt und in ein Mittel zu ihrer Beherrschung verwandelt worden. Sie drückt sich in den Massenbewegungen nicht unmittelbar aus. Dies ist kein völlig neues Phänomen, sondern hatte seine Vorläufer schon in den früheren konterrevolutionären Bewegungen der Geschichte. Weit entfernt, die Quelle des Faschismus zu sein, ist die Psychologie zu einem Moment unter anderen eines von oben auferlegten Systems geworden, das selbst lediglich um des Widerstandspotentials der Massen willen da ist – also gegen deren eigene Rationalität. Freuds Theorie der Ersetzung des individuellen Narzißmus durch Identifizierung mit Führerimagines weist in die Richtung einer Appropriation der Massenpsychologie durch die Unterdrücker. Sicher hat dieser Prozeß eine psychologische Dimension, aber er ist auch Zeichen einer wachsenden Tendenz zur Abschaffung psychologischer Motivation im alten liberalistischen Sinne: sie wird durch von oben gelenkte, gesellschaftliche Mechanismen systematisch kontrolliert und absorbiert. Wenn die Führer sich der Psychologie der Massen bewußt werden und sie selbst in die Hand nehmen, hört sie in gewissem Sinne auf zu existieren. Diese Möglichkeit ist in der Grundstruktur der Psychoanalyse insoweit angelegt, als für Freud der Begriff der Psychologie ein wesentlich negativer ist. Er definiert das Gebiet der Psychologie durch die Vorherrschaft des Unbewußten und fordert, daß, was Es war, Ich werden soll. So wäre die Befreiung des Menschen von der heteronomen Herrschaft des eigenen Unbewußten gleichbedeutend mit der Abschaffung seiner »Psychologie«. Der Faschismus treibt diese Abschaffung in umgekehrter Richtung voran, nicht durch Verwirklichung der Freiheit, die möglich ist, sondern durch die Konservierung der Abhängigkeit, nicht dadurch, daß die Subjekte zum Bewußtsein ihres Unbewußten kommen, sondern durch die Expropriation des Unbewußten durch gesellschaftliche Kontrolle. Denn wenn Psychologie immer eine Knechtschaft des Individuums bedeutet, setzt sie zugleich doch die Freiheit im Sinne einer gewissen Selbstgenügsamkeit und Autonomie des Individuums voraus. So war das neunzehnte Jahrhundert nicht zufällig die große Zeit des psychologischen Denkens. In einer durch und durch verdinglichten Gesellschaft, in der virtuell keine unmittelbaren Beziehungen zwischen Menschen existieren und in der jeder Mensch zu einem sozialen Atom, zu einer bloßen Funktion des Kollektivs reduziert ist, erscheinen die psychologischen Prozesse, obwohl sie in jedem einzelnen fortexistieren, nicht mehr als die bestimmenden Kräfte des gesellschaftlichen Prozesses. Die Psychologie des Individuums hat, mit Hegel zu sprechen, ihre Substanz verloren. Vielleicht ist es das größte Verdienst seines Buches, daß Freud, obwohl er sich auf das Gebiet der individuellen Psychologie beschränkte und sich der Einführung soziologischer Faktoren von außen her enthielt, doch den Punkt erreichte, wo die Psychologie abdankt. Die Theorie von der psychologischen »Verarmung« des Subjekts, das »sich dem Objekt hingegeben« und dieses »an die Stelle seines wichtigsten Bestandteiles gesetzt«[35] hat, des Über-Ichs, antizipiert in fast hellsichtig anmutender Weise die nachpsychologischen, entindividualisierten sozialen Atome der faschistischen Massen. In diesen Gesellschaftsatomen hat die psychologische Dynamik der Massenbildung sich überspannt und hört auf, Realität zu sein. Theatralisch sind die Führer ebenso wie der Identifizierungsakt der Masse, ihre angebliche Raserei und ihr Fanatismus. So wenig wie die Menschen im Innersten

35 Freud, l. c., S. 125.

wirklich glauben, daß die Juden der Teufel sind, glauben sie ganz an den Führer. Sie identifizieren sich nicht mit ihm, sondern agieren diese Identifizierung, schauspielern ihre eigene Begeisterung und nehmen so an der »Show« ihres Führers teil. Durch diese »Inszenierung« erzielen sie ein Gleichgewicht zwischen ihren ständig mobilisierten Triebbedürfnissen und der geschichtlichen Stufe der Aufklärung, die sie erreicht haben und nicht beliebig zurücknehmen können. Wahrscheinlich ist es die Ahnung des fiktiven Charakters ihrer eigenen »Massenpsychologie«, was faschistische Massen so erbarmungslos und unansprechbar macht; denn hielten sie nur für eine Sekunde um der Vernunft willen inne, müßte die ganze »Show« zusammenbrechen, und sie wären der Panik überlassen.

Freud stieß auf dies Moment des Unechten in einem unerwarteten Zusammenhang, nämlich bei seiner Erörterung der Hypnose als Rückfall von Individuen in die Beziehung zwischen Urhorde und Urvater. »Wie wir aus anderen Reaktionen wissen, hat der Einzelne ein variables Maß von persönlicher Eignung zur Wiederbelebung solch alter Situationen bewahrt. Ein Wissen, daß die Hypnose doch nur ein Spiel, eine lügenhafte Erneuerung jener alten Eindrücke ist, kann aber erhalten bleiben und für den Widerstand gegen allzu ernsthafte Konsequenzen der hypnotischen Willensaufhebung sorgen.«[36]

Das Spiel ist inzwischen vergesellschaftet worden, und die Konsequenzen waren ernst genug. Freud unterschied zwischen Hypnose und Massenpsychologie, indem er die erstere als einen Vorgang zwischen nur zwei Personen definierte. Die Beschlagnahme der Massenpsychologie durch die Führer, die Vervollkommnung ihrer Technik, hat sie in die Lage versetzt, den hypnotischen Bann auf das Kollektiv auszudehnen. In dem Schlachtruf der Nazis »Deutschland erwache!« verbirgt sich das genaue Gegenteil. Andererseits aber

36 Ibid., S. 142.

haben die Kollektivierung und Institutionalisierung des Bannes die Übertragung mehr und mehr indirekt und labil werden lassen, so daß das Moment der Inszenierung, die Unechtheit der begeisterten Identifizierung und der ganzen herkömmlichen massenpsychologischen Dynamik, ungeheuer angewachsen ist. Es ist durchaus denkbar, daß dies zu einem plötzlichen Erkennen der Unwahrheit des Zaubers führt und schließlich in dessen Zusammenbruch kulminiert. Die vergesellschaftete Hypnose entwickelt in sich selbst die Kräfte, die den Spuk der ferngesteuerten Regression hinwegfegen und die, die ihre Augen geschlossen halten, obwohl sie nicht mehr schlafen, endlich aufwecken werden.

1951

Aus dem Englischen von Rainer Koehne

Individuum und Organisation

Einleitungsvortrag zum Darmstädter Gespräch 1953

Meine Damen und Herren! Niemand von Ihnen wird erwarten, daß ich die Meinungen wiederhole oder zusammenfasse, die über das Verhältnis zwischen den Menschen und der Organisation verbreitet sind. Vielmehr setze ich die Unruhe darüber bei Ihnen voraus, ebenso wie Sie dessen versichert sein mögen, daß mir alle Motive jener Unruhe vertraut sind. Max Horkheimer, der das Gespräch einzuleiten ursprünglich übernommen hatte und der versuchen wird, wenigstens an der Diskussion teilzunehmen, und ich haben jene Motive seit Jahren behandelt; vor einiger Zeit noch haben wir in einem Rundfunkgespräch mit Eugen Kogon den Ausdruck »verwaltete Welt« geprägt. Aber es kann nicht die Aufgabe von Diskussionen wie dieser sein, sich als Stimme des Etablierten aufzuwerfen und jenes wohlige Klima des Einverständnisses zu erzeugen, in dem ein jeglicher Befriedigung daraus zieht, daß er sich in der Resonanz geborgen fühlt. Wenn die Diskussion der Wahrheit verpflichtet, ein Mittel der Dialektik im eigentlichen Sinn ist, muß sie nicht Meinungen bekräftigen, sondern im Gegenteil es sich angelegen sein lassen, die Meinung zu liquidieren, das Vorgedachte nachzudenken. Das wird von dem Gegenstand, der hier verhandelt werden soll, besonders dringlich erheischt. Nicht erst heute hat sich gezeigt, daß man nur allzu leicht ablenkt von dem, was eigentlich drohte, wenn man stehen bleibt bei dem Schauder vor der organisatorischen Überschattung immer zahlreicherer Sphären des Lebens, und im Namen des Individuums, oder wie man das heutzutage so gerne nennt, des Menschen dagegen protestiert. Die Hitlerdiktatur hat kraß zutage gefördert, was der kritischen Einsicht in die Gesellschaft längst bekannt war: die Berufung aufs Unbewußte, Urtümliche, auf die unentstellte Natur, auf die begnadete Persönlichkeit, und was immer die Propaganda an irrationalen Mächten anstrahlte, trug nur dazu bei, die Vormacht einer entmenschlichten Apparatur bis in die Konsequenzen der vollkommenen Unmenschlichkeit hinein zu verstärken. Wer von der Gefahr der Organisation heute redet, muß vorab darüber wachen, daß er nicht in Begriffen ein Haus baue, das, nach den Worten eines kundigen Architekten, auf dem First ein heimeliges Storchennest trägt, aber von einem Luftschutzkeller unterbaut ist. Das Dritte Reich ward geschlagen, die Neigung jedoch, das Anwachsen der Organisation und Technisierung – beide Begriffe gehören der Substanz nach zusammen – mit Klagen über dies Anwachsen zu begleiten, die es eher verdunkeln als zur Veränderung beitragen, besteht fort. Es scheint mir keine verächtliche Aufgabe, dagegen sich zur Wehr zu setzen und dabei einiges zur Frage der Organisation selber anzumerken.

Ich versage es mir, deren Begriff vorweg zu definieren. Sein Inhalt steht in gewissen Grenzen Ihnen allen vor Augen, und ich möchte es vermeiden, ihn so einzuengen, daß Zusammenhänge, die der Sache nach dazu gehören, abgeschnitten werden, weil sie nicht in die Definition fallen. Ein gesellschaftliches Phänomen wie die moderne Organisation läßt sich ohnehin bestimmen nur in seiner Stellung im gesamtgesellschaftlichen Prozeß, also eigentlich durch eine ausgeführte Theorie der Gesellschaft. Formalistisch wäre es, ein paar Merkmale herauszugreifen und willkürlich den Umfang dessen, was diesen Merkmalen entspricht, für die Sache selbst zu unterschieben. Immerhin sei zur Orientierung daran erinnert, daß Organisation ein bewußt geschaffener und gesteuerter Zweckverband ist. Als solcher unterscheidet er sich ebenso von naturwüchsigen Gruppen, etwa dem Stamm oder der Familie, wie umgekehrt von dem ungeplanten

Ganzen des gesellschaftlichen Prozesses. Wesentlich ist die Zweckrationalität. Eine Gruppe also, die auf den Namen Organisation Anspruch hat, ist so geartet, daß der Zweck, um dessentwillen sie existiert, sich möglichst vollkommen und mit dem relativ geringsten Kräfteaufwand erreichen läßt. Die Beschaffenheit derjenigen, aus denen die Organisation sich bildet, tritt in deren Anlage zurück hinter der Zweckdienlichkeit des Ganzen. Der Name Organisation erinnert an Organe, Werkzeuge. Darin bereits klingt an, daß die von der Organisation Erfaßten ihr primär nicht um ihrer selbst willen, sondern eben als Werkzeuge zur Realisierung des Zweckes angehören, dem die Organisation dient und der erst mittelbar – abermals, wenn Sie wollen, als »Werkzeug« – ihnen wiederum nützt. Mit anderen Worten, in der Organisation sind die menschlichen Beziehungen durch den Zweck vermittelt und nicht unmittelbar. Nach der amerikanischen Terminologie wäre jede Organisation eine sekundäre Gruppe. Solche Mittelbarkeit, der Werkzeugcharakter des Einzelnen für die Organisation und der Organisation für den Einzelnen, setzt ein Moment von Starrheit, Kälte, Äußerlichkeit, Gewaltsamkeit. In der Sprache der deutschen philosophischen Tradition wird dies Moment von den Worten Entfremdung und Verdinglichung umrissen. Es steigert sich mit der Ausweitung der Organisationen – schon Max Weber hat dargetan, daß der Drang dazu jeglicher Organisation innewohnt. Dieser Expansionsdrang jedoch verläuft bis heute einzig in der Bahn des Funktionierens. Immer neue Sektoren werden in den Mechanismus hineingezogen und beherrschbar. Die Organisation, die, was immer ihr erreichbar ist, verschlingt, verfolgt dabei technische Vereinheitlichung, wohl auch die eigene Macht. Kaum jedoch erwägt sie den Sinn ihres Daseins und seiner Erweiterung im gesellschaftlichen Ganzen. Die Trennung von Werkzeug und Ziel, die das Organisationsprinzip ursprünglich definiert, gefährdet mehr als je in der modernen

Gesellschaft das Verhältnis der Organisation zu ihrem Rechtsgrund. Losgelöst vom Zweck außerhalb ihrer selbst wird sie zum Selbstzweck. Je weiter sie zur Totalität fortgetrieben wird, um so mehr befestigt sich der Schein, sie, das System der Werkzeuge, sei die Sache selbst. Sie dichtet sich ab gegen das, was ihr nicht gleicht. Gerade den alles einspannenden Organisationen wohnt paradox die Qualität des Ausschließenden, Partikularen, inne. Sie wissen, daß totalitäre Organisationen regelmäßig und unerbittlich Gruppen designieren, die nicht dazugehören, und Sie kennen auch die Willkür solcher Auswahl. Sie waltet aber keineswegs bloß in der Sphäre des äußersten Grauens, sondern begleitet als Schatten die organisatorische Sachlichkeit. Jene Willkür im Gesetzmäßigen trägt für das Erschreckende der verwalteten Welt weit größere Verantwortung als die Rationalität, gegen die gemeinhin die Vorwürfe gerichtet werden. Wo man auf organisatorische Gewaltsamkeit stößt, darf man auf Interessen schließen, die am Ende nicht die eigenen der Zusammengeschlossenen sind.

Diese tastende Charakteristik der Organisation gilt keineswegs bloß für die moderne, sondern ebenso für die römische Verwaltung oder die feudale Hierarchie des Mittelalters. Ihre neue und bestürzende Qualität hat die Organisation einzig durch den Grad ihrer Ausdehnung und Verfügungsgewalt gewonnen: die des Allumfassenden, die Gesellschaft durch und durch Strukturierenden. Selbst diese Tendenz fehlte den großen Organisationen der Vergangenheit keineswegs; nur ist sie offenbar erst mit den Mitteln der modernen Technik ganz zu verwirklichen. Solche historische Dynamik aber sprengt formalsoziologische Begriffsbestimmungen wie die hier zunächst angedeuteten. Organisation ist ein durch und durch Geschichtliches. Sie empfängt ihr Leben bloß aus der geschichtlichen Bewegung. Sieht man davon ab, bringt man ihren Begriff auf das vorgeblich Unveränderliche, so behält man nichts als einen toten Abguß zurück. Bedenken Sie nur, daß die Bestimmung der Organisation als eines rationalen Zweckverbandes zwar universal gilt, daß aber der wahre Gegenstand unserer Diskussion, die Drohung, überhaupt erst heute offenbar ward. Grotesk wäre das Gedankenexperiment, etwa in einem der hochorganisierten ägyptischen Reiche ein Gespräch über jene Bedrohung des Menschen durch die Organisation zu veranstalten. Dies Gespräch, bin ich versucht zu sagen, setzt selber bereits einen unvergleichlich viel fortgeschritteneren Stand der Organisation voraus und ebenso das Motiv der individuellen Freiheit. Erst in einer historischen Stunde, in der die Organisation als allgegenwärtige Macht des Lebens nicht nur insgeheim, sondern offen jener Freiheit entgegenwirkt, vermögen die organisierten Menschen über das Prinzip selbst zu reflektieren, das es dahin gebracht hat.

Die verbreitete Meinung nun, die von nahe zu besehen ich Ihnen vorschlage, läßt sich in zwei Thesen zusammenfassen. Die eine wäre, daß die Ausdehnung der Organisation auf alle Bereiche der Gesellschaft und der einzelmenschlichen Existenz unausweichlich, daß sie eine Art von Schicksal sei. Die zweckrationale Vergesellschaftung, die keine unerfaßte Regung mehr übrig läßt und alles einfängt, wird als Naturmacht wahrgenommen. Die zweite These, die in der Luft liegt, könnte etwa lauten, daß der gegenwärtige Zustand der Organisation, der weniger stets an Freiheit, Unmittelbarkeit, Spontaneität duldet, und der diejenigen, welche die integrale Gesellschaft bilden, tendenziell zu bloßen Atomen herabsetzt, den Menschen radikal bedrohe. Die negativen Utopien Aldous Huxleys und George Orwells haben das ausgemalt. Bitte mißverstehen Sie mich nicht. So wenig ich die Kraft der exakten Phantasie und des humanen Widerstandes übersehe, die in jenen Büchern sich kundgibt, so wenig möchte ich die Impulse verleugnen, die in den beiden Thesen sich niedergeschlagen haben. Wer von dem reden will, worum wir uns hier bemühen wollen, muß erst einmal die organisatorische Verhärtung der Welt erfahren haben und den Schock dessen, was sich da über unseren Köpfen vollzieht. Er darf sich auch nicht verschweigen, daß wir mit unserem Willen oder gegen ihn genötigt sind, als Zahnräder im Getriebe mitzuwirken, und daß unsere Individualität immer mehr auf unser Privatleben und unsere Reflexion eingeengt ist. Man bedürfte schon des trotzigen Aberglaubens, wollte man sich dessen versichert halten, daß durch diese Einengung nicht berührt werde, was das Individuum an sich ist. Wenn wir uns die eigene Individualität gewissermaßen als Luxus gestatten, so unterscheidet sich das aufs äußerste von einem Zustand, in dem das Leben der Gesellschaft selbst zentral die Unabhängigkeit und Initiative von Individuen erwartete. Einmal stand eine Prämie auf Individualität, heute macht sie sich als Abweichung verdächtig: dies Klima kann ihr kaum zuträglich sein. All das ist vorweg rückhaltlos auszusprechen. Wem das Leiden daran fremd ist, der muß schon die Anpassung zur Religion erheben und sich buchstäblich mit dem unzuverlässigen Gefühl der sozialen Sicherheit oder dem Stolz über die erhöhte Produktion von Autos, Eisschränken, Filmen zufrieden geben.

Will man aber standhalten, so darf man nicht befangen bleiben im leeren Erschrecken. Zunächst zur These von der Unausweichlichkeit. So plausibel sie sich anhört, in ihr verschränkt sich Wahres mit Falschem. Wahr ist, daß die Gesellschaft sich nicht gegen die Natur behaupten, sich nicht hätte am Leben erhalten können ohne Organisation, und daß sie es heute weniger als je vermöchte. Kein primitiver Steg wäre sonst je gebaut, kein Lagerfeuer am Verlöschen gehindert worden. Aber diese Notwendigkeit ist kein bloßes Verhängnis, das abrollt, um schließlich die Menschen unter sich zu begraben. Vielmehr hat Vernunft Anteil an ihr. Sie mißt sich an den Aufgaben von kollektiver Selbsterhaltung und Naturbeherrschung. Darum ist sie nicht absolut zu setzen, sondern jeweils der Frage zu unterwerfen, ob sie dem dient, was ihre Existenz einzig rechtfertigt. Wird von der Unausweichlichkeit der Organisation gesprochen, so vergißt man leicht das Entscheidende, daß Organisation eine Form der Vergesellschaftung, ein von Menschen für Menschen Geschaffenes ist. Die Ohnmacht, die jeder Einzelne den institutionellen Mächten gegenüber heute verspürt; seine Unfähigkeit, von sich aus den Fortschritt der Organisation aufzuhalten oder seine Richtung zu ändern, verzaubert diesen Fortschritt in den Schein des metaphysisch Verhängten. Darin prägt sich die allgemeine Tendenz aller gesellschaftlichen Verhältnisse in der gegenwärtigen geschichtlichen Phase aus, sich als schlechthin geltend, absolut zu präsentieren: das, was ist, wird heute zur Ideologie seiner selbst. Gegen die These vom unausweichlichen Charakter der Organisation ist darauf zu beharren, daß die vernünftige Notwendigkeit vieler der Zweckverbände, die wir Organisation nennen, den betroffenen Menschen verhüllt, ja daß sie oftmals äußerst fragwürdig ist. Der Gedanke an die Vernünftigkeit der Zwecke, und zwar an die Vernünftigkeit des Ganzen, wird verderbt zur letztlich zufälligen Vernünftigkeit der Mittel, wären sie auch bloß zur Vernichtung ersonnen. Rationalität, von deren Begriff der der Organisation nicht geschieden werden kann, fällt in den Machtbereich von Irrationalität. Die Blindheit der Beherrschung der äußeren Natur, die nicht danach fragt, was dieser angetan wird, geht über auf die Organisation als Beherrschung von Menschen, und es schwindet das Bewußtsein davon, daß die Objekte der Organisation selber Menschen, also identisch mit den vorgeblichen Subjekten der Organisation sind, die sie zusammenfaßt. Indem die Gesellschaft in der Beherrschung einzelner Felder immer vernünftiger wird und immer besser funktioniert, kehrt sie immer mehr das Moment ihrer Unvernunft hervor. Sie gefährdet das Ganze, den eigenen Fortbestand. So bitte ich Sie, meine Behauptung zu verstehen, die These von der Unausweichlichkeit der Organisation sei wahr und unwahr zugleich. Wahr ist sie, soweit es der Organisation bedarf, damit die Menschheit sich reproduziert, unwahr insofern, als die Drohung, die von der Organisation ausgeht, nicht primär in dieser selbst liegt, sondern in den irrationalen Zwecken, von denen sie abhängt. Das sind aber menschliche Zwecke und grundsätzlich von Menschen zu verändern, so schwer vollziehbar den meisten heute auch diese Möglichkeit sein mag. Das Fatale an der Organisation ist nicht ihre Vernunft, sondern das Gegenteil, und die Schuld wird auf die Vernunft bloß abgewälzt. Ich darf wiederholen: die Angst vor der verwalteten Welt hätte ihren wahren Gegenstand nicht in der isolierten Kategorie der Organisation, sondern müßte übergehen zur Erkenntnis der Stellung, welche die Organisation im gesellschaftlichen Gesamtprozeß einnimmt. Organisation als solche ist weder böse noch gut, sie kann beides sein, und ihr Recht und ihr Wesen hängen ab von dem, in dessen Dienst sie steht. Während zumindest in der freien Welt alle geneigt sind, die Organisation zu schelten, ist das Unheil, das hinter der Angst steht, nicht ein Zuviel, sondern ein Zuwenig an Organisation: die Drohung des all-vernichtenden Krieges und das damit aufs engste verbundene Bewußtsein jedes Einzelnen, im herrschenden gesellschaftlichen Getriebe überflüssig zu sein und die Basis der Existenz verlieren zu können. Wohl dürfte man der Spekulation sich überlassen, ob nicht der Schauer vor der Organisation zerginge, wenn sie geformt wäre nach den Bedürfnissen einer freien und mündigen Menschheit. Das Schmerzliche, das den Menschen von der Organisation angetan wird, hat seinen Grund in deren objektivem Mangel an Vernunft und Durchsichtigkeit, nicht bloß in Personen, die sich verschanzen und zum eigenen Vorteil Kontrolle ausüben. So sehr selbst die Versuchung dazu mit der objektiven Irrationalität heute verfilzt ist, lenkt doch im allgemeinen die beliebte Klage über Bürokraten und Bürokratie von den tragenden Tatbeständen ab. Die Bürokratie hat in der öffentlichen Meinung das Erbe dessen angetreten, was man früher den sogenannten unproduktiven, parasitären Berufen, den Vermittlern und Zwischenhändlern nachzusagen pflegte: die Bürokratie ist der Sündenbock der verwalteten Welt. Entscheidend für den gegenwärtigen Zustand ist die Zusammenfassung immer größerer ökonomischer und gesellschaftlicher Einheiten zu partikularen, sich selbst undurchsichtigen und oftmals verderblichen Zwecken. Nichts aber fällt den Menschen schwerer, als das Anonyme, Objektive als solches zu erfahren und zu durchschauen. Sie können als Lebendige sich durchwinden nur, indem sie die Schuld am Negativen wiederum in Menschen suchen und damit selbst die Gefahr gleichsam vermenschlichen. So sollen es denn die Bürokraten sein und nicht eine Einrichtung der Welt, die jener bedarf und die alle Personen, die mit öffentlichen Dingen befaßt sind, zum Bürokratischen nötigt. Dieser Zwang als solcher ist keineswegs bloß negativ. Der Einzelne, der etwa zu einer Behörde geht und von dieser sich Hilfe verspricht, wird, indem er auf den Unterschied seines individuellen Interesses von dem immerhin allgemeineren trifft, das die Behörde vertritt, geneigt sein, den Beamten, der ihm weniger gewährt, als er erwartet, vorzuwerfen, er verfahre nach Schema F. Der Klagende hat dabei oft genug nach dem Maß der heute möglichen Befriedigung von Bedürfnissen sogar recht. Aber das Schema F, nach dem er behandelt wird, also die abstrakte Verfahrensweise, die es den Bürokratien erlaubt, einen jeden Fall automatisch und »ohne Ansehung der Person« zu erledigen, ist zugleich, wie im formalen Recht, auch ein Element von Gerechtigkeit, ein Stück Garantie dafür, daß dank solcher Beziehung aufs Allgemeine nicht Willkür, Zufall, Nepotismus das Schicksal eines Menschen beherrschen. Die Entpersönlichung und Verdinglichung, die dem Einzelnen im Bürokraten greifbar werden, mit dem er zu verkehren hat, sind sowohl Ausdruck der Entfremdung des Ganzen von seinem menschlichen Zweck und insofern negativ, wie umgekehrt auch Zeugnis jener Vernunft, die allen zugute kommen könnte und die allein das Schlimmste verhindert. Deutlicher könnte kaum der Doppelcharakter der Organisation werden; deutlicher aber auch nicht, daß es darum geht, was sie im gesellschaftlichen Ganzen vollbringt, und nicht um die wie immer fehlbaren Personen, die sie vorschiebt. Falsche Personalisierung ist der Schatten der Enthumanisierung. Wer über Organisation und Gesellschaft nachdenkt, muß sich hüten, das Schlechte der Organisation unmittelbar aus Individuen abzuleiten, während die Individuen deren Anhängsel sind und bis in ihre innersten Reaktionsweisen nach ihr sich richten müssen.

Danach läßt sich einiges auch über die zweite These ausmachen, die von der Bedrohung des Menschen. Keiner wird den bedrohlichen Zustand verleugnen, der jeden Einzelnen, er mag es wissen oder nicht, in eine Funktion des Getriebes zu verwandeln sich anschickt. Aber um dieser Drohung zu begegnen, ist sie des metaphysischen Pathos zu entkleiden, welches das Bewußtsein lähmt. Es wird widergespiegelt vom handlichen Begriff der Angst, selbst bereits einem Stück Ideologie. Er verklärt eine zwar den Menschen verselbständigt gegenübertretende, aber doch in ihrem Lebensprozeß gründende und darum veränderliche Tendenz, als wäre sie eine Urgegebenheit oder »Befindlichkeit« des Daseins. Aber der Gedanke hat seine Tiefe nicht darin, das Schlechte als wesenhaft zu rechtfertigen. Das Bedrohliche der Organisation rührt nicht her von einem mythisch erhabenen Schicksal, das die Menschheit ihre Wurzel verlieren ließ und sie der Entmenschlichung auslieferte. Sondern die Menschen erkennen in dem scheinbar durch geheimen Richtspruch über sie Verhängten nicht länger sich selbst wieder und zeigen sich darum bereit, jenes Verhängnis hinzunehmen, wenn nicht gar es zu bejahen. Solche Bereitschaft aber färbt die These von der sogenannten Bedrohung des Menschen. Diese These stellt stillschweigend einem Blinden und Auswendigen, eben der Organisation und Zusammenballung der Gesellschaft, ein in sich Ruhendes, Unveränderliches, das Menschenwesen schlechthin, gegenüber. Ein statisches Bild des Menschen wird aus der historischen Dynamik herausgebrochen. Man projiziert die Spaltung zwischen der individuellen Existenz und dem, was ihr in der gesellschaftlichen Verflechtung widerfährt, auf den Sternenhimmel und erhöht sie zum absoluten Dualismus von vergegenständlichtem Ablauf und reiner Innerlichkeit; allenfalls mit der Korrektur, der Mensch sei nicht bloß von außen, sondern auch von innen bedroht. Diese Korrektur verzerrt abermals die Wahrheit: sie unterschlägt, daß die Veränderungen, die in den Menschen selber in der technischen Gesellschaft sich abspielen, in erkennbarem Zusammenhang stehen mit der technischen und sozialen Entwicklung – der Beitrag des bedeutenden französischen Soziologen Georges Friedmann, der auf dieser Tagung zu Ihrer Kenntnis gelangen wird, läßt Licht gerade auf diesen zentralen Sachverhalt fallen. Zunächst aber möchte ich auf etwas anderes eingehen, auf den Trug, der in dem Begriff des Menschen selber liegt, wenn man ihn so gebraucht, wie es heute im Gefolge einer existentialontologie üblich ist, die von der Schuld an solchen Mißverständnissen nicht so freizusprechen ist, wie sie es gerne möchte. »Der Mensch« – das ist nicht, wie man wohl meint, der Daseinsgrund, zu dem man durchzudringen hätte, um gegenüber der geschichtlichen Verstricktheit festen Boden unter die Füße zu bekommen oder gar das Tor zum Wesenhaften aufzustoßen. Sondern der Mensch ist ein von den bestimmten historischen Menschen und ihren Beziehungen abgezogenes Abstraktum, das dann, dem traditionellen philosophischen Ideal der unveränderlichen Wahrheit zuliebe, verselbständigt, oder, wie man das nannte, als Philosophie noch zu kritisieren wagte, hypostasiert wird. Dieser Begriff des Menschen ist keineswegs heilig und unveräußerlich. Er läßt sich nicht beschwören und dem Unrecht der Organisation entgegenhalten. Vielmehr ist er die allerleerste und ärmste Bestimmung, die von menschlichen Dingen überhaupt gewonnen werden kann; nur ein Bewußtsein, das mit der Bildung das Gedächtnis an die große Philosophie, an Hegel zumal, eingebüßt hat, kann mit einem solchen Surrogat für die konkreten Bestimmungen des Subjekts und Objekts der Geschichte sich abspeisen lassen. Vieles von dem, was die Existentialontologie dem Dasein – und Dasein ist nichts als ein neues Wort für Subjektivität – als ewige Grundkategorie zuschrieb, wie Angst, das »Man«, Gerede, »Geworfenheit«, ist nichts anderes als die Narbe einer sehr spezifischen, widerspruchsvollen Verfassung der Gesellschaft. So ist der Begriff der Geworfenheit der pathetisch drapierte Ausdruck dafür, daß jeder Einzelne gegenüber der verwalteten Welt ohnmächtig ist und jederzeit unter die Räder kommen kann, während wir, im Unterschied zu früheren Epochen der Abhängigkeit, doch unser Schicksal messen an der Idee, wir könnten es selbst meistern, und darum verzweifeln, wenn wir eines Schlechteren belehrt werden. Keine priesterliche Gebärde vermag es, die Idee eines menschenmöglichen Zustandes fortzuweisen, in dem die Menschen frei wären von Angst, in dem sie nicht mehr als blind Geworfene sich erführen, in dem sie nicht mehr der Anonymität und der verwüsteten Sprache überantwortet wären: wenn sie nämlich einmal der Einrichtung einer gerechten Welt mächtig sind.

Man kann deshalb nicht von der Bedrohung des Menschen durch die Organisation reden, weil der objektive Prozeß und die Subjekte, denen er widerfährt, nicht nur einander entgegengesetzt, sondern auch Eines sind. Wie das gefürchtete Objektive, die anwachsende Organisation, insofern nur scheinbar objektiv ist, als sie durch wie sehr auch verkappte partikulare Interessen determiniert wird, so sind umgekehrt die Menschen in weitem Maß gezeitigt von jenem objektiven Prozeß. Das gerade verwehrt ihnen die Einsicht in ihn und macht die Änderung aus einer Sache der einfachen Vernunft zu einem fast unvorstellbar Schwierigen. Der technische Arbeitsprozeß hat sich von dem entscheidenden Sektor, dem industriellen, in einer Weise, deren Vermittlungsglieder längst noch nicht von der Forschung hinlänglich aufgedeckt sind, über das gesamte Leben ausgedehnt. Er formt die Subjekte, die ihm dienen, und zuweilen ist man versucht zu sagen, er bringe sie geradezu hervor. Wenn im Ernst von der Bedrohung des Menschen die Rede sein kann, dann einzig in dem Sinne, daß die Weltverfassung es bereits verhindert, daß in ihr jene sich entwickeln, die fähig wären, sie zu durchschauen und daraus die rechte Praxis abzuleiten. Was zu Beginn des neuen Zeitalters mit den Menschen sich zutrug, wiederholt sich heute, auf geschichtlich höherer Stufe, mit umgekehrtem Akzent. Als die freie Marktwirtschaft das Feudalsystem verdrängte und des Unternehmers wie des freien Lohnarbeiters bedurfte, bildeten sich diese Typen nicht nur als berufliche, sondern zugleich als anthropologische; Begriffe, wie der der Selbstverantwortung, des Vorblicks, des sich selbst genügenden Einzelnen, der Pflichterfüllung, aber auch starrer Gewissenszwang, die verinnerlichte Bindung an Autoritäten, stiegen auf. Das Individuum selber, wie dessen Name bis heute gebraucht wird, reicht der spezifischen Substanz nach kaum allzuweit hinter Montaigne oder den Hamlet, allenfalls auf die italienische Frührenaissance zurück. Heute nun verlieren Konkurrenz und freie Marktwirtschaft gegenüber den zusammengeballten Großkonzernen und den ihnen entsprechenden Kollektiven mehr und mehr an Gewicht. Der Begriff des Individuums, historisch entsprungen, erreicht seine historische Grenze. In den die Wirtschaft bedienenden Personen ereignen sich Veränderungen von kaum geringerer Tragweite als jene, die von den Geisteswissenschaften als Geburt des modernen Menschen verherrlicht werden. Die technischen Fertigkeiten und darüber hinaus das, was man die anthropologische

Affinität zur Technik nennen könnte, sind ungeahnt gesteigert. Damit wächst ebenso das Vertrauen in die Naturbeherrschung wie helle Skepsis gegenüber allem mythologischen Anspruch. Die Zeitgenossen sind so befähigt, mit jeglicher Apparatur umzugehen, daß die Ersetzbarkeit des einen durch den anderen absehbar geworden ist. Niemand läßt sich mehr weismachen, das hierarchische Verhältnisse durch die natürliche Beschaffenheit der Menschen oder auch nur durch Differenzen der Ausbildung gerechtfertigt wären. Zwar wird allenthalten über Spezialisierung geklagt, aber die durch die Massenproduktion aufs neue gesteigerte Zerlegung der Arbeitsprozesse hat diese virtuell so entqualifiziert, auf so kleine und vergleichbare Verrichtungen nivelliert, daß man sich den Spezialisten des einen Faches mühelos als einen des anderen denken kann. Aber dieser Prozeß, der das Potential eines entscheidenden Fortschritts in der Einrichtung von Wirtschaft und Gesellschaft mit sich führt, hat bislang das Bewußtsein zwar entzaubert, keineswegs aber aufgeklärt. Nicht umsonst legen die gleichen praktischen und gewitzigten Menschen, die da entstanden sind, durchwegs, und keineswegs bloß in den totalitären Ländern beider Spielarten, eine bestürzende Bereitschaft an den Tag, auf das Selbstbestimmungsrecht jener Vernunft zu verzichten, die doch in ihnen so kräftig erscheint, und einer Irrationalität sich zu verschreiben, in der die erschreckende der Welteinrichtung selber sich widerspiegelt. Sie haben sich selbst der Apparatur ähnlich gemacht: nur so können sie unter den gegenwärtigen Bedingungen fortexistieren. Die Menschen werden nicht nur objektiv mehr stets zu Bestandstücken der Maschinerie geprägt, sondern sie werden auch für sich selber, ihrem eigenen Bewußtsein nach zu Werkzeugen, zu Mitteln anstatt zu Zwecken. Der Gedanke an die objektive Vernunft des Ganzen entschwindet der zugleich geschärften und resignierten Vernunft aus dem Blickfeld. Wenn ich davor warnte, in den Diskussionen, die vor uns liegen, den Menschen und die Organisation primitiv und starr einander gegenüberzustellen, dann habe ich vorab daran gedacht. Die Menschen sind nicht nur einem ihnen Äußerlichen, Drohenden, überantwortet, sondern dies ihnen Äußerliche ist zugleich eine Bestimmung ihres eigenen Wesens, sie sind sich selbst äußerlich geworden. Darum lassen sie mit Errungenschaften, die längst nicht mehr ihrem Glück und ihrer Freiheit zugute kommen, sich einlullen. Sie sind zufrieden mit social security, dem Surrogat für Geborgenheit, einer Wohlfahrtspflege, die auf alle sich ausdehnt, auch auf die, welche es noch nicht getroffen hat. Die, welche sich vorweg als mögliche Objekte solcher Wohlfahrt und nicht als solidarische Subjekte wissen, verbieten sich krampfhaft den trotz allem nicht fortzubannenden Gedanken an die verwirklichte Freiheit. Allerorten stehen sie auf dem Sprung, die Empörung über den falschen und verblendeten Zustand umzuwandeln in Wut über dessen schwächere Opfer oder über die, welche im Ernst einen anderen wollten. Dies Verhalten aber ist nicht ihre Schuld und ihr Sündenfall, sondern bis ins Einzelne vorgezeichnet von den Bedingungen, unter denen sie leben. Die Entwicklungen, die ich angedeutet habe, werden im allgemeinen mit Worten wie Vermassung bedacht. Über diese sich zu empören, gemahnt an die Parole »Haltet den Dieb«. Entweder der bloßen Quantität oder der an einem abstrakten Ideal von Autonomie gemessenen Schwäche der kollektiv zusammengefaßten Einzelnen wird aufgerechnet, was die Anpassung ihnen aufnötigt. Daß nicht der Mörder, sondern der Ermordete schuldig sei, der protestierende Satz der Expressionisten, ist heute zur Ausrede des Konformismus geworden, der den toten Seelen vorwirft, daß das Leben nicht mehr lebt, in das sie in der Tat geworfen sind.

Immer wieder begegnet man der Versicherung, es komme doch einzig auf den Menschen an. Spricht man aus, was es mit den Menschen unter dem Druck der verhärteten Welt auf sich hat, so wird der Spieß umgedreht und der Kritiker selbst der Unmenschlichkeit geziehen. Daß es einzig auf den Menschen ankomme, ist abermals einer jener abstrakten und daher schwer angreifbaren Sätze, in denen doch Wahres und Unwahres verderblich sich mischen. Soviel ist wahr, daß das Verhängnis auf Menschen, die menschliche Gesellschaft, zurückweist und von Menschen sich wenden ließe. Unwahr aber ist, daß es unmittelbar an den Menschen liege, daß diese erst einmal anderen Sinnes werden müßten, damit die in allen Fugen ineinander gepaßte und darum aus den Fugen geratene Welt wiederum in Ordnung komme. Es ist eine alte, schon von Hegel und Goethe verworfene Illusion, die Selbsttäuschung der individualistischen Gesellschaft über sich selber, daß das Innere des Menschen sich aus sich heraus, ohne Rücksicht auf die Gestalt des Äußeren entfalte. Wollte man etwa sagen, die Bedrohung der Menschen durch die Organisation ließe dadurch sich überwinden, daß die Menschen sich die innere Freiheit zur Entscheidung erhielten, oder am Geistigen Anteil nähmen, oder dem sinnlos über sie Ergehenden von sich aus Sinn verliehen, so wäre das eitel und vergeblich. Bemühungen um die Humanisierung der Organisation, wie wohlgemeint sie auch sein mögen, vermöchten die gegenwärtige Gestalt des gesellschaftlichen Widerspruchs zu mildern und zuzuschmücken, aber nicht aufzuheben.

Ihnen allen, meine Damen und Herren, ist das Groteske jener nationalsozialistischen Veranstaltungen gegenwärtig, die da Volksgemeinschaft mimten, indem sie in Büros und Fabriken Buntdrucke und Blumenkästen anbringen ließen. Solche Manöver ließen sich wohl nur solange inszenieren, wie dem Gemütsersatz durch den Terror nachgeholfen werden konnte. Aber die Empfehlung, mit testpsychologisch unterbauten human relations-Maßnahmen über den Werkzeugcharakter der Subjekte in der Organisation hinwegzuhelfen, ist ihnen der Substanz nach nicht allzu unähnlich. In

Amerika ist man mit der Pflege der human relations weiter als hierzulande, aber auch mit dem Bewußtsein dessen, was es damit auf sich hat. Dafür hat sich das Wort Cow-Sociology eingebürgert, nach einer der ganzen Nation bekannten Reklame eines Milchkonzerns, die Elsie, die zufriedene Kuh, verherrlicht. Den Kunden wird demonstriert, welche sorgsame Pflege diesem auserwählten Tier widerfährt, unter welch glücklichen Verhältnissen es lebt, um jene davon zu überzeugen, wie gut die Milch sein müsse, welche Elsie und ihresgleichen liefern. Dem Witz von der Cow-Sociology zufolge laufen die gepflegten human relations auf die gesteigerte Leistungsfähigkeit derer hinaus, denen man sie angedeihen läßt, und die bei der Zufriedenheit der Kuh sich nicht bescheiden wollen. Gewiß, nur die sture Unvernunft könnte der Verbesserung von Arbeitsbedingungen in der technifizierten und organisierten Welt sich in den Weg stellen. Während der Fortschritt von Technik und Organisation, zu dessen Sparte heute die Menschenbehandlung wird, vorweg zugunsten von Produktion und Absatz sich realisiert, hat er immer auch sein Gutes für die Subjekte, an denen er sich betätigt. Aber es wäre naiv zu erwarten, damit ließe das Individuum sich retten oder wiederherstellen. Für seine Entfaltung ist die gesellschaftliche Basis geschrumpft, und über diese vermögen Verbesserungen der Fassade nichts.

Nicht darum kann es sich handeln, das Menschliche, Unmittelbare oder Individuelle in die Organisation einzubauen. Durch solchen Einbau würde es selber organisiert und eben der Qualitäten beraubt, die man zu bewahren hofft. Der Naturschutzpark rettet nicht die Natur und stellt sich über kurz oder lang im gesellschaftlichen Getriebe bloß als Verkehrshindernis heraus. Dem Individuum kann nicht dadurch geholfen werden, daß man es begießt wie eine Blume. Besser dient es dem Menschlichen, wenn die Menschen unverhüllt der Stellung innewerden, an die sie der Zwang der Verhältnisse bannt, als wenn man sie im Wahn bestärkt, sie seien

dort Subjekte, wo sie im Innersten recht wohl wissen, daß sie sich fügen müssen. Nur wenn sie es ganz erkennen, können sie es ändern. Das Hohle der Sprache, die das Lebendige in der verwalteten Welt mit Clichés konserviert, vom Sozialpartner bis zur Begegnung, dem Auftrag, dem Anliegen und dem Gespräch, in das die Verstummenden immerzu kommen wollen oder sollen, verrät die Nichtigkeit des Beginnens. Sie sind auf einen pseudokonkreten, weihevollen Jargon der Eigentlichkeit verwiesen, der sich transzendenten Abglanz von der Theologie borgt, ohne sich doch auf theologische Gehalte stützen zu können.
Angesichts des Mißverhältnisses zwischen der Macht der Organisation und der des Einzelnen, und des vielleicht noch bestürzenderen Mißverständnisses zwischen der Gewalt dessen, was ist, und der Ohnmacht des Gedankens, der es zu durchdringen versucht, hat es etwas Törichtes und Naives, mit Vorschlägen hervorzutreten, wie es nun besserzumachen sei. Wer glaubt, man könne sich am runden Tisch zusammensetzen und gemeinsam aus gutem Willen herausfinden, was zur Rettung des Menschen, der Innerlichkeit, zur Durchseelung der Organisation oder zugunsten ähnlicher Hoch- und Fernziele zu geschehen habe, verhält sich weltfremd. Er nimmt ein gemeinsames Subjekt der bewußten Gestaltung der Gesellschaft dort an, wo das Wesen gerade in der Abwesenheit eines solchen einstimmigen Subjekts der Vernunft, in der Vorherrschaft der Widersprüche besteht. Die einzige Forderung wohl, die ohne Unverschämtheit erhoben werden darf, wäre die, daß der ohnmächtige Einzelne durchs Bewußtsein der eigenen Ohnmacht doch seiner selbst mächtig bleibe. Das individuelle Bewußtsein, welches das Ganze erkennt, worin die Individuen eingespannt sind, ist auch heute noch nicht bloß individuell, sondern hält in der Konsequenz des Gedankens das Allgemeine fest. Gegenüber den kollektiven Mächten, die in der gegenwärtigen Welt den Weltgeist usurpieren, kann das Allgemeine und Ver-

nünftige beim isolierten Einzelnen besser überwintern, als bei den stärkeren Bataillonen, welche die Allgemeinheit der Vernunft gehorsam preisgegeben haben. Der Satz, daß tausend Augen mehr sehen als zwei, ist Lüge und der genaue Ausdruck jener Fetischisierung von Kollektivität und Organisation, die zu durchbrechen die oberste Verpflichtung von gesellschaftlicher Erkenntnis heute bildet.

Wenn Hoffnung bleibt in der verwalteten Welt, dann liegt sie nicht bei der Vermittlung, sondern bei den Extremen. Wo Organisation notwendig wäre, in der Gestaltung der materiellen Lebensverhältnisse und der auf ihnen beruhenden Beziehungen zwischen den Menschen, gibt es zu wenig Organisation und zu viel im Bereich des Privaten, in dem Bewußtsein sich bildet. Nicht, daß ich die Spaltung in eine öffentlich berufliche und eine private Sphäre sanktionieren möchte: sie selber ist Ausdruck der gespaltenen Gesellschaft, deren Bruch in jeden Einzelnen hineinreicht. Aber eine Praxis, welche dem Besseren gilt, darf nicht die historisch gesetzte Trennung des Öffentlichen und Privaten verleugnen, sondern müßte an diese als an ein objektiv Gegebenes anknüpfen. Die vernünftige Ordnung des Öffentlichen ist vorstellbar nur, wenn am anderen Extrem, im individuellen Bewußtsein, der Widerstand gegen die zugleich überdimensionierte und unvollständige Organisation geweckt wird. Nur in den gleichsam rückständigen Bereichen des Lebens, die von der Organisation noch freigelassen sind, reift die Einsicht ins Negative der verwalteten Welt und damit die Idee einer menschenwürdigeren. Die Kulturindustrie besorgt das Geschäft, es dazu nicht kommen zu lassen, das Bewußtsein zu fesseln und zu verfinstern. Not wäre mit anderem die Emanzipation von jenen Mechanismen, die einzig die blind gesellschaftlich produzierte Dummheit in jedem Einzelnen bewußt nochmals reproduzieren. Darum ist es dringlich, die heutige Ideologie, die in der Verdopplung des Lebens durch alle Sparten der Kulturindustrie besteht, beim Namen zu nennen. Eine Impfung der Menschen gegen die ausgespitzte Idiotie, auf die jeder Film, jedes Fernsehprogramm, jede illustrierte Zeitung ausgehen, wäre selber ein Stück verändernder Praxis. Wir mögen nicht wissen, was der Mensch und was die rechte Gestaltung der menschlichen Dinge sei, aber was er nicht sein soll und welche Gestaltung der menschlichen Dinge falsch ist, das wissen wir, und einzig in diesem bestimmten und konkreten Wissen ist uns das Andere, Positive, offen.

1953

Bemerkungen über Politik und Neurose

> Certain sociologists . . . indulge in ad hoc psychological constructions without reference to technical psychological considerations.
>
> Talcott Parsons

Arthur Koestler überträgt in seinem Essay den Begriff der Neurose auf die Politik*. Die Methode, deren er sich dabei bedient, ist die der Analogie: er spricht vom »politischen Neurotiker«, vor allem aber von einer »politischen Libido«, die »mindestens ebenso komplexbeladen, verdrängt und verdreht wie die sexuelle Libido« sei. Zugrunde liegt also die Annahme, daß Kategorien, die Freud für die Sphäre des Individuums und seiner Triebdynamik geprägt hat, auf eine dieser Sphäre ähnlich geartete, im übrigen aber von ihr unabhängige übertragen werden können. Worte wie »politischer Instinkt« oder gar »politisches Unterbewußtsein« zeigen das an.

Nun hat die Psychoanalyse selbst sich um das Verständnis politischer Phänomene seit dreißig Jahren bemüht. Sie setzte sich genau jene sogenannten Massenbewegungen zum Thema, die Koestlers Exkurs in die Tiefenpsychologie veranlaßten. Es ist die Schuld der fatalen wissenschaftlichen Arbeitsteilung, daß Koestler zwar mit kurrenten Begriffen der Psychoanalyse, kaum aber mit den jüngeren Bemühungen um eine analytische Sozialpsychologie vertraut ist. An deren Anfang steht Freuds außerordentliche Schrift ›Massenpsychologie und Ich-Analyse‹ (1921). Er hat darin Le Bons und McDougalls bekannte Beobachtungen über Massenpsychologie aus der individuellen Triebdynamik abzuleiten unternommen. Dadurch hat er den Begriff der Massen-

* Vgl. Arthur Koestler, *Politische Neurosen,* in: *Der Monat* 63, Jg. 6, Dezember 1953, S. 227 ff. (Anm. d. Hrsg.).

psychologie *entzaubert:* ihre Symptome sind ihm nicht geheimnisvoll kollektiven Eigenwesens, sondern beruhen auf Vorgängen, die sich in jedem einzelnen Mitglied einer Masse abspielen, nämlich auf Identifikationen mit Vaterfiguren. Der gewöhnlich vag gebrauchte Ausdruck »Massenhypnose« wird von Freud ernst genommen, und die hypnoseähnlichen Verhaltensweisen von Massen aus dem Triebleben derer entwickelt, welche zur Masse sich vereinen. Freuds Theorie hat durch diese Wendung einer gesellschaftlichen Situation Ausdruck verliehen, in der gerade die Massenbildung Atomisierung und Entfremdung der Menschen zur Voraussetzung hat.

An die Freudsche Schrift schloß sich eine verzweigte Diskussion unter den Psychoanalytikern an. Schon seit Ende der zwanziger Jahre verwandte dann die empirische Sozialforschung Begriffe seiner Massenpsychologie. Ich darf hier vielleicht an die Arbeiten unseres Instituts für Sozialforschung erinnern, dem von Anbeginn eine psychoanalytische Abteilung, unter Leitung des in Belsen umgekommenen Karl Landauer, angegliedert war. In dem von Max Horkheimer konzipierten und herausgegebenen Sammelwerk ›Studien über Autorität und Familie‹[1] sind an einem breiten Erhebungsmaterial die tiefenpsychologischen Mechanismen autoritätsgebundenen Verhaltens zum ersten Mal mit der sozialen Dynamik selbst verknüpft worden. Die amerikanischen Arbeiten unseres Instituts haben diese Intention weiter verfolgt: die ›Authoritarian Personality‹[2] hat systematisch Korrelationen zwischen politischen Ideologien und charakterologischen Strukturen untersucht, und das 1950

1 Vgl. *Studien über Autorität und Familie. Forschungsberichte aus dem Institut für Sozialforschung. (Schriften des Instituts für Sozialforschung,* hrsg. von Max Horkheimer, Bd. 5.) Paris 1936.

2 Vgl. Th. W. Adorno u. a., *The Authoritarian Personality. (Studies in Prejudice,* ed. by Max Horkheimer and Samuel H. Flowerman.) New York 1950.

erschienene Werk hat in Amerika eine heute bereits unübersehbare Literatur ausgelöst.
Der Unterschied zwischen Koestlers Thesen und solchen nun bereits seit Jahrzehnten vorangetriebenen wissenschaftlichen Bemühungen ist nun der, daß in den letzteren nicht »politische Neurosen« als eigenständige Krankheiten angesehen, sondern mit der individuellen Triebstruktur und Psychologie funktionell verbunden werden. Dieser Unterschied ist aber kein bloß akademischer, der nur die subtile Deutung von Vorgängen beträfe, über die man an sich grundsätzlich einig wäre, sondern betrifft die zentrale Auffassung. Sobald man einmal Begriffe aus der Theorie loslöst, der sie dem Sinn nach zugehören, und auf die Ebene des vermeintlichen common sense nivelliert, verändern sie ihren Sinn und leisten nicht mehr, was sie einmal leisten sollten.
Angesichts von Koestlers Aufsatz fragt man sich zunächst, was eigentlich die politische Libido sei, die da so säuberlich von der sexuellen getrennt wird. Offen bleibt weiter, wie die politischen Verdrängungsmechanismen sich erklären, für die Koestler ein so eindringliches Beispiel – das der Verdrängung der Schuld in Deutschland – zitiert, wenn man sich nicht an die strenge psychologische Bedeutung des Verdrängungsbegriffs hält. Koestler will die politische Libido geradezu definieren als »das Bedürfnis des einzelnen, Teil eines Ganzen zu sein, in einer Gemeinschaft aufzugehen, irgendwie dazuzugehören«. Mit solchen Verbaldefinitionen ist selten allzuviel geleistet. Der von Koestler bezeichnete Tatbestand stellt in Wahrheit erst das Problem, das eine analytische Sozialpsychologie zu bewältigen hätte, und bietet nicht dessen Lösung selbst. Oder will er im Ernst auf jene vorfreudsche pluralistische Trieblehre McDougalls zurückgreifen, die da einen »Sozialinstinkt« neben zahlreichen anderen, meist erfundenen Instinkten nennt, ohne über Ursprung und Verhältnis des auf der Triebtafel Aufgeführten weiter nachzusinnen? Ist es denn wirklich so selbstverständlich, daß

man »dazugehören« will? Müßte man nicht, wenn man die psychologischen Wurzeln der totalitären Ideologie bloßlegen will, gerade diesem Begriff weiter nachforschen?

Koestler aber setzt den Bereich des Politischen absolut, indem er Beschreibung mit Erklärung verwechselt. Darum verfehlt er nicht nur die psychologische, sondern, wichtiger noch, auch die gesellschaftliche Genese der totalitären Lokkung. Im Sinn der eigentlichen psychoanalytischen Theorie sind die von Koestler charakterisierten Erscheinungen sturer Identifikation mit der »in-group« in weitem Maße solche eines kollektiven *Narzißmus.* Die auf den Kastrationskomplex zurückweisende Ich-Schwäche, mit deren von Nunberg eingeführtem Begriff Koestler offenbar nicht vertraut ist, sucht Kompensation in einem allmächtigen, aufgeblähten und dabei doch dem eigenen schwachen Ich tief ähnlichen Kollektivgebilde. Diese in zahllosen Einzelnen verkörperte Tendenz wird selber zu einer kollektiven Kraft, deren Ausmaß man bislang kaum richtig eingeschätzt hat. Sie ist aber nicht Ausdruck einer »politischen Neurose« sui generis, sondern hat ihre psychologische Wurzel in der Einbuße ichlicher Befriedigung, welche den Menschen widerfährt.

Koestlers improvisatorische Methode führt zu folgenschweren Fehlurteilen, denn der kollektive Narzißmus bedeutet keineswegs einfach, daß »der Wirklichkeit um jeden Preis aus dem Wege gegangen« wird. So richtig Koestler beobachtet, daß gewisse politische Tatsachen, insoweit sie mit dem Narzißmus nicht vereinbar sind, der Verdrängung verfallen, so sehr entgeht ihm, daß über weite Strecken der kollektive Narzißmus mit dem »Realitätsprinzip« nur allzu gut sich zusammenfindet. Wenn auch die Optik totalitärer Gefolgschaften fraglos in vieler Hinsicht verbogen ist, wäre es allzu harmlos, sie für »unrealistisch« zu halten. Narzißmus heißt in der Psychoanalyse: libidinöse Besetzung des eigenen Ichs anstelle der Liebe zu anderen Menschen. Der Mechanismus dieser Verschiebung ist nicht zum letzten der gesellschaftliche, der eine Prämie auf die Verhärtung eines jeden einzelnen, den nackten Willen zur Selbsterhaltung, setzt. Die Triebziele des kollektiven Narzißmus sind vermöge ihrer Fusion mit dem Ich, mit rationalen Zielen, mit scharfer Einsicht in gegebene Bedingungen überaus vereinbar. Die Ideologien im heutigen Deutschland und Frankreich, die Koestler als Schulbeispiel politischer Neurose herausgreift, harmonieren vollkommen mit handfesten Interessen derer, welche diese Ideologien teilen. Gewiß ist in einem höchsten Sinn jener Narzißmus politisch ebenso irrational wie psychologisch. Ein selbstzerstörendes Moment wohnt ihm inne, aber doch nicht mehr als der Weltordnung, in der er zwanghaft sich bildet. Hat nicht Hitler das Europa seiner Tage weit »realistischer« gesehen als die Staatsmänner des Völkerbundes, die aus gesundem Menschenverstand eine Dummheit nach der anderen machten? Die rücksichtslose Herrschaft des erweiterten Ich-Interesses in totalitären Systemen entbindet eine Art von Rationalität, die in der Wahl des Mittels ihren Gegnern vielfach überlegen ist und blind nur für Zwecke. Die totalitäre Psychologie spiegelt den Primat einer gesellschaftlichen Realität, welche Menschen erzeugt, die bereits ebenso irr sind wie jene selber. Der Irrsinn aber besteht gerade darin, daß die eingefangenen Menschen nur als Agenten jener übermächtigen Realität fungieren, daß ihre Psychologie nur noch eine Durchgangsstation von deren Tendenz bildet. Daß aus der Lehre von den objektiven gesellschaftlichen Gesetzen selber ein Wahnsystem werden kann, sollte niemand dazu verführen, auf einen Psychologismus zurückzufallen, der sich bei der gesellschaftlichen Fassade bescheidet und überdies nicht einmal psychologisch zureicht. Es gibt keine »politische Neurose«, wohl aber beeinflussen psychische Deformationen das politische Verhalten, ohne doch dessen Deformation ganz zu erklären. Dies Verhalten gründet weniger in der »Frage nach dem Sinn des Lebens«, einer recht abstrakten Verdünnung dessen, was die

Menschen eigentlich bedrängt, als in höchst konkreten Nöten wie der technologischen Arbeitslosigkeit, den Divergenzen des Standes der Produktionsmittel und des Besitzes an Rohmaterialien in einzelnen Ländern, und allerorten der ökonomischen Unmöglichkeit, das Leben aus eigener Kraft zu meistern, einer Unmöglichkeit, die mit teuflischer »Rationalität« die Individuen den heteronomen Massenbewegungen zutreibt.

Die sozialpsychologischen Untersuchungen, von denen ich sprach, haben gewiß den Zusammenhang typischer psychologischer Komplexionen mit politischen Haltungen ergeben. »Autoritätsgebundene Charaktere«, Personen, denen unter dem Druck von Kindheitserlebnissen die Kristallisation eines autonomen Ichs mißlang, neigen besonders zu totalitären Ideologien. Ebenso unbestreitbar aber ist ein Resultat, das der Ansicht Koestlers kraß widerspricht: die autoritären Charaktere sind als solche keineswegs »neurotischer« als die anders gearteten. Wenn man von besonderen psychologischen Defekten bei ihnen reden will, so liegen sie eher – und auch das sollte nur mit äußerster Vorsicht angemeldet werden – in der Richtung von *Psychosen,* zumal der Paranoia, während spezifisch neurotische Konflikte eher bei dem entgegengesetzten Typus wahrzunehmen sind. Die laxe Sprache, die von »Massenpsychosen« und -delusionen redet, kommt offenbar dem Tatbestand näher als die Theorie von der politischen Neurose. Falsch wäre es aber auch, diejenigen, die psychologisch zu totalitären Systemen neigen, sich, wie es vielfach geschieht, als Psychotiker, als Irre vorzustellen. Vielmehr bewahrt das kollektive Wahnsystem, dem sie sich verschreiben und zu dessen Phänomenologie Koestler vieles beiträgt, nach der Einsicht Ernst Simmels offenbar die Einzelnen vor der offenen Psychose – der abgekapselte Wahn erlaubt ihnen, in anderen Regionen nur um so »realistischer« sich zu verhalten. Das pathische Moment steckt bei ihnen eher in diesem Realismus selber, einer bestimmten Art von Kälte und Affektlosigkeit, die ihnen den Konflikt des Neurotikers erspart. Die Neurose ist bei ihnen gleichsam vorentschieden. Sie haben der Welt ohne Rest sich gleichgemacht; wenn sie, wie Koestler sagt, unfähig sind, aus Erfahrungen zu lernen, so darum, weil sie so dinghaft wurden, daß sie eigentlich Erfahrungen nicht mehr machen können. Der Polizeichef, in dem das totalitäre Unwesen am konsequentesten sich darstellt, ist sicherlich alles eher als neurotisch. Statt dessen sollte man vielleicht, nach Analogie des von Franz Alexander eingeführten Begriffs der Charakterneurose, bei den im eigentlichen Sinne totalitären Menschentypen von psychotischen Charakteren sprechen. Je tiefer man jedoch in die psychologische Genese des totalitären Charakters eindringt, um so weniger wird man sich damit begnügen, ihn ausschließend psychologisch zu erklären, umso mehr wird man Rechenschaft davon abzulegen haben, daß seine psychologischen Verhärtungen Mittel der Anpassung an eine verhärtete Gesellschaft sind.

1954

Wird Spengler rechtbehalten?

Will einer, der sich mit Philosophie befaßt, die Frage beantworten: »Wird Spengler rechtbehalten?«, so unterliegt er der Versuchung des Vornehmtuns und der Zimperlichkeit: Spengler, der ja die Kulturen als ein von innen her, aus ihrem sogenannten Seelentum heraus sich Entfaltendes, Wachsendes, Blühendes und Verwelkendes sich vorstellte, hätte nicht an so grob Äußerliches, Rohes wie zerstörte Städte, verwilderte Räume, wie Völkermord und umirrende Flüchtlinge gedacht und gewiß nicht an die Möglichkeit, daß die Menschheit ein paar Jahrzehnte nach dem Erscheinen des berühmten Buches über technische Mittel verfüge, die es ihr erlauben, sich buchstäblich auszurotten. Er habe vielmehr das Erlahmen gestaltender Kräfte im Sinn gehabt, den Übergang dessen, was er Kultur nennt, in das, was er Zivilisation schilt. Dieser Übergang sei ihm eigentlich bereits der wahre Untergang gewesen. Ich glaube, man macht es sich zu bequem, wenn man Spenglers Begriffe derart zum bloß Seelischen oder gar Ästhetischen verdünnt. Die Wirkung des Buches gerade in der breiten Öffentlichkeit ist nicht zu trennen vom Titel ›Der Untergang des Abendlandes‹. Niemand hätte so sehr sich aufgeregt, wenn nicht viel mehr behauptet worden wäre als wieder einmal das Erlöschen der stilbildenden Kraft in der Kunst. Das Element von Brutalität in Spenglers Denken wurde produktiv als Gabe zur plakathaften Vereinfachung. Weicht man diesem Aspekt aus, so zieht man sich allsogleich in jene Zone des Gebildetseins zurück, deren Hinfälligkeit und Vergänglichkeit Spengler erregend denunzierte.

Zuerst wird man denn also das Allereinfachste zu sagen haben: daß das Abendland noch nicht untergegangen ist. Wohl hat die Geschichte der Jahre von der Machtübernahme durch Hitler bis zur Vernichtung von Hiroshima und Nagasaki die wildesten Untergangsphantasien überboten. Erstaunlich jedoch ist die Zähigkeit der Kollektive, welche nicht nur – im statistisch-quantitativen und freilich selber bedenklichen Sinne – die unsäglichen Verluste an Menschen ausgeglichen, sondern auch die materiellen Zerstörungen weithin wettgemacht haben. Im Deutschland von 1955 ist es kaum notwendig, das zu betonen. Eher das Gegenteil. Nur allzu leicht neigt das Bewußtsein, das all das jüngste Grauen verdrängen möchte, dazu, heute bereits die Katastrophe zu verkleinern, sie als eine Art von bedauerlichem Betriebsunfall auf der Bahn des wirtschaftlich-technischen Fortschritts abzutun. Dem könnte zunächst Spengler entgegenhalten, daß die Untergangsperioden, aus denen er seine Analogieschlüsse zog, zumal die des Römischen Reiches, sich über Jahrhunderte erstreckten; daß es mit der Hitler-Periode eben erst anfängt, und daß in einer in zwei monströse, von Waffen starrende Blöcke gespaltenen Welt weiterhin das äußerste Unheil zu erwarten sei. Die Angst, unter der die Völker leben, und die in jeden Einzelnen so sehr eingesickert ist, daß man sie heute als eine Urqualität des Menschen schlechthin mißversteht, scheint dies Argument für Spenglers Position zu stärken.

Immerhin läßt es bereits, wiederum äußerst simpel, die Grenze der Spenglerschen Analogien erkennen. Denn jener technische Fortschritt, der die panische Angst erweckt, ist es ja zugleich auch, der eine jahrhundertelange Periode des Untergangs überaus unwahrscheinlich macht. Sollte es wieder so gehen wie mit Rom und Babylon, so vermutlich im Namen eines Begriffs, den die Sprecher des Unheils mit Behagen erfanden: schlagartig. Aber das ist ein schlechter Trost. Kein Wacher wird ein Gefühl verleugnen können, das mit dem Ende des zweiten Krieges in der ganzen Welt gegenwärtig war und einem Sensationsbuch zum Titel diente: ›Kaputt‹ von Curzio Malaparte. Daß man auch dies Gefühl heute nicht mehr wahrhaben will, ja daß man es allenthalben hektisch übertäubt, besagt nichts gegen seine Triftigkeit. Der Begriff des Wiederaufbaus der Kultur hat in sich selbst einen Ton des Nichtigen, der die Sache Lügen straft. Ich selber habe, in Betrachtungen, die ich noch während des Krieges schrieb und dann in das Aphorismenbuch ›Minima Moralia‹ aufnahm, gefragt, worauf eine Kultur, in der Millionen unschuldiger Menschen vergast wurden, und die darüber zur Ordnung ihres Tages übergegangen ist, eigentlich noch warte, bis sie bereit sei, ihren Untergang zuzugestehen. Allem Geistigen zumal ist heute der Boden unterhöhlt. Der, dessen Leben zum Glück oder Unglück geistigen Dingen gehört, muß das in jedem Augenblick spüren und ins eigene Bewußtsein aufnehmen, wenn er nicht dem bornierten Spezialistentum, der leeren Betriebsamkeit oder dem schattenhaften Kunstgewerbe verfallen will. Man braucht nur in Paris zu sein, in der Stadt, in der der kühne, befreite und zugleich formvolle Geist am reinsten sich verkörperte, um dessen innezuwerden. Erinnerung tritt anstelle der vollen Gegenwart. Darin jedenfalls hat Spengler rechtgehabt, daß er durch seine gedankliche Konstruktion die Möglichkeit abschnitt, das Geschehene als geschichtliches Intermezzo zu verharmlosen. Ich kann mich daran erinnern, daß ich in den ersten Monaten der Diktatur des Hitler einmal träumte, die Welt wäre untergegangen; ich hätte mich währenddessen in einem Keller versteckt gehalten und wäre dann, nach Weltuntergang, aus dem Keller herausgekrochen. Was so träumte, bin wohl wirklich nicht ich gewesen, sondern das kollektive Unbewußte. Man hat überhaupt nur dann irgendeine Aussicht, den Erfahrungen der letzten Jahrzehnte standzuhalten, wenn man keinen Augenblick die Paradoxie dessen vergißt, daß man danach überhaupt noch weiterlebt.

Ist man dazu fähig, und läßt man sich nicht auf das heute universal beliebte Manöver ein, eine Sache bloß deshalb,

weil sie den Jahren nach zurückliegt, auch als veraltet oder gar überwunden zu betrachten – und Spengler fand ja kaum je einen ebenbürtigen Kritiker –, so hat man vielleicht das Recht erworben, einige seiner konkreten Voraussagen zu erörtern. Dabei wird man sich wohl auf diejenigen konzentrieren müssen, für die am meisten spricht. Angemerkt mag sein, daß gerade diese Aussagen schwerlich als Spenglers Eigentum gelten können. Ich möchte wenigstens auf zwei der wichtigsten Quellen hinweisen. Dem Buch über die Soziologie des Parteiwesens von Robert Michels verdankt Spengler die Lehre vom Umschlag der parlamentarischen Demokratie in die Diktatur; seinerseits verweist es zurück auf eine lange Tradition, deren erster neuzeitlicher Repräsentant Machiavelli gewesen ist, und die sich leicht bis auf die Politik des Aristoteles zurückverfolgen ließe. Einige der eindringlichsten Aussagen über die Symptome der Rückbildung der Massengesellschaft finden sich in einer vor mehr als fünfzig Jahren erschienenen Schrift von Werner Sombart, ›Warum gibt es in Amerika keinen Sozialismus‹, die wenig bekannt wurde, aber, wenn ich mich nicht irre, heute noch als Broschüre zugänglich ist.
Die These vom Umschlag der Demokratie in die Diktatur, den Cäsarismus, scheint in der Tat durch die totalitären Staaten eingelöst worden zu sein. Aber die Analogie ist so oberflächlich, daß ihre Geltung auch dann fragwürdig bliebe, wenn nicht, immerhin, die Diktaturen der Hitler und Mussolini gestürzt worden wären. Die russische Diktatur ist nicht aus der parlamentarischen Demokratie entstanden, sondern die konstituierende Versammlung wurde auseinandergejagt. In Deutschland war es anders. Hitler ist gewiß nach den Spielregeln der Demokratie an die Macht gelangt, sein Ermächtigungsgesetz wurde mit parlamentarischer Mehrheit genehmigt. Aber nicht nur war die Spanne der Stimmen bei der letzten Reichstagswahl so gering, daß sie ihm und seinen Steigbügelhaltern zu regieren nicht ohne

putschistische Maßnahmen wie den inszenierten Reichstagsbrand würde erlaubt haben. Sondern die Verteilung der tatsächlichen Machtpositionen in Deutschland seit 1918 setzte der parlamentarischen Demokratie vorweg Grenzen. Der eigentliche Schwerpunkt der Macht war ihr entrückt, und Hitler hat es von Anbeginn verstanden, seine Politik auf diesen Schwerpunkt zu richten und von der zentralen Schwäche der Weimarer Mehrheiten zu profitieren. Ihn hat nicht die parlamentarische Demokratie gezeitigt, sondern er hat ihre formalen Möglichkeiten benutzt, um in ihre Lücken einzudringen und sie zu sprengen. Darum läßt von Weimar auf eine verwirklichte Demokratie, die keinen ihr entzogenen Machtsektor duldete und die im Ernst vom Volk getragen wäre, kein Schluß sich ziehen. Im übrigen hat gerade dem sogenannten modernen Cäsarismus gegenüber Spenglers Methode sich selbst ad absurdum geführt. In einem Gespräch mit Hitler soll er diesen vor seinen Praetorianern gewarnt haben. Er übertrug dabei ungebrochen die Abhängigkeit der römischen Kaiser von ihren Garden auf gegenwärtige Verhältnisse. Aber die Konzentration der wirtschaftlichen und technisch-militärischen Machtmittel heute erschwert den Sturz der Diktaturen von innen her. Das Schema konkurrierender Cliquen, die in der Gewaltherrschaft einander ablösen, funktioniert nur noch in relativ zurückgebliebenen Ländern wie Argentinien. Hitler ist nicht nur mit den eigenen Praetorianern am 30. Juni 1934 fertig geworden, sondern hat es sogar zu einem Zeitpunkt, da die militärische Niederlage bereits besiegelt war, vermocht, den Widerstand starker Sektoren der Armee zu paralysieren. Mit anderen Worten, die totalitäre Herrschaft, die erst in einer aufs höchste organisierten und weitgehend zentralistisch gesteuerten Wirtschaft denkbar ist, war im Spenglerschen Entwurf nicht vorgesehen. Keine Gesellschaft vor der spätkapitalistischen hat ihre Machtmittel gekannt. Ihnen gegenüber haben die Spenglerschen Prophezeiungen, so realistisch sie auch vorgetragen sein mögen, etwas Gutmütiges, etwas vom erhobenen Zeigefinger des Gymnasialprofessors, der da lehrt: »Schon die alten Römer ...«

Frappant ist die Vorhersage mancher Phänomene der modernen Massengesellschaft, zumal ihrer gleichsam archaischen Züge, für die Spengler den Ausdruck vom modernen Höhlenmenschen geprägt hat, längst ehe die abschätzige Rede von den Massen selber zum Massenartikel wurde. Er schon trägt, mit der Geste Nietzsches, eine bestimmte Art von Massenverachtung zur Schau. Bei wenig Autoren aber ist deutlicher als bei ihm, daß diese Massenverachtung sich einer Beschränkung des Denkens auf die Fassade verdankt. Er sieht ab von den Bedingungen, unter denen die Rückbildungen der modernen Massen einzig zustandekommen, und operiert mit Schlagworten wie Wurzellosigkeit, chaotisch-weltstädtischem Wesen, Cäsarismus, neuer Barbarei und »zweiter Religiosität« – einem Deckbild autoritären Unwesens. All das wird abgehandelt, als stünde es, als Endphase der abendländischen Kultur, in den Sternen geschrieben. Dieser zugleich zur Seelenmythologie und zum Naturalismus tendierenden Denkart mangelt der Blick dafür, daß die Defekte und Irrationalitäten des Massenverhaltens erzeugt werden von dem je auf den Massen lastenden gesellschaftlichen Druck. Sigmund Freud hat in seiner genialen und viel zu wenig bekannten Spätschrift über das ›Unbehagen in der Kultur‹ die von Gustave Le Bon beschriebenen Züge der Massen aus den Versagungen abgeleitet, welche Kultur – und das heißt heute: eine unter den Gesetzen von Arbeitsmoral und blinder Anpassung stehende Gesellschaft – den Menschen zumutet. Von Spengler aber werden diese Züge als solche, die in unausweichlichem Kreislauf sich wiederholen, verewigt. Nicht mit Unrecht hat man von seiner Geschichtsphilosophie, der letzten großen Stils, gesagt, sie entrate eigentlich eines Begriffs von Geschichte; sie sei eingeschworen auf einen Rhythmus starrer Wiederholung und falle dadurch dem Defaitismus gegen die Humanität anheim. Diese Manier Spenglers verschränkt sich aber mit seiner eigenen politischen Neigung: er degradiert, wie vor ihm viele Philosophen, die Massen zu einem unabänderlich vom Rhythmus der Kulturseele stets wieder gezeitigten Abfallprodukt, um ihre Beherrschung desto besser rechtfertigen zu können. Weit entfernt von der Anklage des Bestehenden, verstärkt sein Pessimismus dessen Vergötzung. Die Verachtung der Massen kommt den Eliten zugute, nach deren Beifall der ›Untergang des Abendlandes‹ schielt. Daß, in der allgemeinen Götterdämmerung, auch die Eliten selbst vom Untergang bedroht sind, entging Spenglers Raubvogelblick gewiß nicht, taugt aber einzig noch dazu, ihre Herrschaft als heroisch, als Liebe zum eignen tragischen Schicksal zu verherrlichen.

Vorhergesagt hat Spengler auch die Vergleichgültigung des Geistes, zumal der Theorie. Gerade wer die Entwicklung der Sozialwissenschaften während der letzten zwanzig Jahre beobachtet hat, wird bestätigt finden, daß nun auch die Kritik der Gesellschaft aus dem Blickfeld trat und einer bestimmten Art von begriffslosem Realismus Raum gab, dessen letzte Weisheit ist, in der Welt, so wie sie nun einmal ist, sich einzurichten. Daß, wo Kritik erlahmt, weil sie an der Möglichkeit verzweifelt, die Welt zu verändern, der Geist selber etwas Scheinhaftes annimmt, ist zwar von Spengler nicht in solchen Worten ausgesprochen, aber recht genau erspürt worden, so wie er denn auch den Zusammenhang des Geistes mit Dynamik und Mobilität der Gesellschaft – in seiner Sprache: mit dem Geld – diagnostiziert hat. Offen ist, ob sein Verdikt über den Geist das letzte Wort behält, ob der Geist gerichtet ist in einer geschichtlichen Phase, in der das Denken des Einzelnen über dessen eigenes Schicksal nur noch so wenig vermag, oder ob das Element der Allgemeinheit, mit dem der Geist über das partikulare Einzelinteresse hinausweist, ihm auch die Chance gewährt, seine reale Ohnmacht zu überdauern und dem Möglichen beizustehen. Aber die Male der Ohnmacht in konkreten gesellschaftlichen Verhältnissen sind für Spengler Sinnbilder des Schicksals. Ihm beugt er sich. Er will eigentlich gar nichts, sondern usurpiert den Standpunkt des unbeteiligten Zuschauers, nur daß er in Wahrheit gar nicht so unbeteiligt ist. Indem er einzig zuschaut, hilft er auf seine Weise, das zu stoßen, was fällt.

Spengler zählt zu den Vorformen des deutschen Faschismus, auch wenn ihm, wie vielen seiner Art, der Hitler nicht fein genug war. Das zeigt sich aber, paradox genug, an einem gewissen Provinzialismus, einer Beschränktheit, die ihm gerade jene welthistorischen Perspektiven verzerrt, die er gar nicht pompös genug ausmalen konnte. Was er dem Abendland und der von ihm so genannten Faustischen Seele zuschrieb, hat sich längst universal ausgebreitet und ist zum Guten oder Bösen das Gesetz der Erde geworden. Daneben wurde nicht etwa ein neues »Seelentum«, wie nach Spenglers Glauben das russische, sichtbar, sondern die Menschheit muß entweder zur vernünftigen Einrichtung des Ganzen übergehen oder die Erdkatastrophe herbeiführen. Nirgends wird Spengler derber, nirgends aber auch zwingender widerlegt als in seinen Aussagen über die abendländische Technik und den schrankenlosen Drang zur Naturbeherrschung, der ihr eigentümlich sei. Denn kein Zweifel ist mehr daran möglich, daß alle Völker, auch die des Ostens, zur Technik fähig sind, ohne wesentlich hinter dem Spenglerschen Abendland zurückzubleiben. Da von bloßer Pseudomorphose zu reden, wäre eine sophistische Hilfskonstruktion, ersonnen um des puren Rechtbehaltens willen.

Gewiß hat sich mit dem, was bei Spengler Abendland heißt, etwas Entscheidendes geändert. Das politisch-historische Gewicht ist vom alten europäischen Kontinent und von England auf Amerika und auf Rußland verlagert. Niemand wird dabei eine gewisse Exterritorialität der neuen Mächte gegenüber jenem traditionellen Begriff der abendländischen Kultur verkennen, den Spengler noch meint. Ein Bruch der

Kontinuität zumal des historischen Bewußtseins ist allgemein, übrigens keineswegs bloß in den neuen Imperien, sondern auch, wie neuerdings der Historiker Hermann Heimpel sehr eindringlich dargelegt hat, gerade in Deutschland selber. Aber beschränkt ist die einseitige Hervorhebung solcher Differenzen im nachdrücklichsten Sinne. Sie vergißt die wesentliche Einheit: die der *Objektivität der ratio,* die kein bloßer Ausdruck von Seelentümern ist, sondern über die Partikularität der Kulturnuancen hinausreicht. Traktoren laufen, Penicillin heilt, Atombomben explodieren, ganz gleichgültig, welchem Seelentum die Experten oder Bedienungsmannschaften angehören, die damit etwas zu tun haben. Rechnet Spengler etwa den Seelentümern verschiedene Typen von Mathematiken zu, so mag damit etwas subjektiv Genetisches mehr oder minder richtig bezeichnet sein; mir steht kein Urteil darüber zu. Ganz gewiß aber sind diese vielfältigen Mathematiken nur dann Mathematiken, wenn sie in sich stimmig und richtig sind, und das bedeutet denn doch wohl auch: wenn sie dem allgemeinen Begriff von Mathematik und schließlich von logischer Vernunft gehorchen. Spengler aber betreibt eine Mythologisierung der Kulturseelen, welche zu dem relativistischen Wahn treibt, die Vernunft erschöpft sich in kollektiv-psychologischen Ausdruckstätigkeiten einzelner Völkergruppen. Von da ist nur noch ein Schritt zu den wahnhaften völkisch-politischen Anthropologien, die im Dritten Reich gediehen, und, indem sie den Deutschen allein die Philosophie zusprachen, deren Idee, die Wahrheit, zersetzten.

Nach dem Wenigen, was ich andeuten konnte, suche ich mich der Frage, ob Spengler rechtbehalten wird, zu stellen. Er weiß, daß das blinde, naturwüchsige Wesen der Gesellschaft, ihre Unmündigkeit, zum Verhängnis treibt. Schicksal und Verhängnis sind, wie in Benjamins Abhandlung ›Schicksal und Charakter‹ mit äußerster Schärfe formuliert wurde, in der Tat miteinander identisch. Gerade die von

Spengler schnöd als langweilig abgetanen Kritiker der politischen Ökonomie haben die Möglichkeit der Katastrophe ohne Beschönigung ausgesprochen, wofern nicht das Rettende geschehe. Nachdem es bis heute nicht geschah, war es für Spengler leicht, diese drohende Möglichkeit um so greller zu belichten, und der Schock, den er damit den Zeitgenossen bereiten könnte, wofern sie sich nicht längst mit einer Isolierschicht umgeben hätten, vermöchte selber zur Rettung beizutragen.

Die Unwahrheit Spenglers aber ist es, daß er die Naturwüchsigkeit der bisherigen Geschichte, die man nicht umsonst Vorgeschichte genannt hat, mit der Natur selber verwechselt, daß er sie zum Absoluten macht, daß er womöglich noch auf die Seite solcher Naturwüchsigkeiten sich schlägt und mit einstimmt in die Verleumdung der Aufklärung. Er befördert das Dunkle, das Verhängnis, das er an die Wand malt. Nicht darum geht es, ob eine von den naturwüchsigen Kulturen die andere ablöst oder ob eine überlebt, sondern darum, ob diese Naturwüchsigkeit selbst und der grauenhafte Rhythmus, an dem Spenglers Gedanken sich berauschen, überwunden wird; ob die Menschheit lernt, sich selbst zu bestimmen. Jene Objektivität der Vernunft, für die, im schreienden Widerspruch zur nächstbesten Erfahrung, bei Spengler kein Wort übrig ist, enthält auch das Potential einer objektiv vernünftigen und wahrhaft befreiten Verfassung der Welt. Damit sie sich verwirklicht, wäre freilich aus jener Haltung falscher, mit dem Unheil verschworener Kontemplation herauszutreten, die Spengler posiert. Ob die Menschheit untergeht, wird nicht von kosmischen Seelentümern entschieden. Bei den Subjekten steht es, ob sie weiterhin Objekte bleiben oder ihrer selbst mächtig werden wollen. Spenglers Philosophie aber befördert ihr bloßes Objektsein. Er appelliert an die Schwäche des Ich. Nicht umsonst sympathisiert er trüb mit angeblich kosmischen Gesetzen, denen das Leben der Menschen gehorche. Er hat die

Philosophie zur Astrologie erniedrigt und auf das Grauen, von dem er großartig zeugt, reagiert mit dem Aberglauben, der das Grauen verklärt und verdoppelt. Dem muß das Bewußtsein widerstehen, das nicht selber, wie Wagners Wotan, das Ende will.

1955

Zur Bekämpfung des Antisemitismus heute

Vorbemerkung

So dankbar der Autor die Initiative des Deutschen Koordinierungsrates der Gesellschaften für christlich-jüdische Zusammenarbeit zu schätzen weiß, welcher seinen Vortrag den Teilnehmern der Europäischen Erzieherkonferenz als Druck zugänglich machen möchte*, so sehr zögert er gleichwohl, der Publikation zuzustimmen. Er ist sich dessen bewußt, daß in seiner Art von Wirksamkeit gesprochenes und geschriebenes Wort noch weiter auseinander treten als heute wohl durchweg. Spräche er so, wie er um der Verbindlichkeit der sachlichen Darstellung willen schreiben muß, er bliebe unverständlich; nichts aber, was er spricht, kann dem gerecht werden, was er von einem Text zu verlangen hat. Je allgemeiner die Gegenstände sind, um so mehr verstärken sich die Schwierigkeiten für einen, dem jüngst ein Kritiker freundlich attestierte, seine Produktion gehorche dem Satz »Der liebe Gott wohnt im Detail«. Wo ein Text genaue Belege zu geben hätte, bleiben dergleichen Vorträge notwendig bei der dogmatischen Behauptung von Resultaten stehen. Er kann also für das hier Gedruckte die Verantwortung nicht übernehmen und betrachtet es lediglich als Erinnerungsstütze für die, welche bei seiner Improvisation zugegen waren und welche über die behandelten Fragen selbstverständlich weiterdenken möchten auf Grund der bescheidenen Anregungen, die er ihnen übermittelte. Darin, daß aller-

* Der Vortrag wurde auf der Ersten Europäischen Pädagogen-Konferenz des Deutschen Koordinierungsrates der Gesellschaften für Christlich-Jüdische Zusammenarbeit vom 30. Oktober bis 3. November 1962 in Wiesbaden gehalten und in dem unter dem Titel *Erziehung vorurteilsfreier Menschen* als Privatdruck erschienenen Tagungs-Protokoll zuerst publiziert *(Anm. d. Hrsg.)*.

orten die Tendenz besteht, die freie Rede, wie man das so nennt, auf Band aufzunehmen und dann zu verbreiten, sieht er selber ein Symptom jener Verhaltensweise der verwalteten Welt, welche noch das ephemere Wort, das seine Wahrheit an der eigenen Vergänglichkeit hat, festnagelt, um den Redenden darauf zu vereidigen. Die Bandaufnahme ist etwas wie der Fingerabdruck des lebendigen Geistes. Indem der Autor von der liebenswürdigen Bereitschaft des DKR Gebrauch macht, all das unumwunden auszusprechen, hofft er, wenigstens einigen der Mißdeutungen vorzubeugen, denen er sonst unweigerlich sich aussetzte. T. W. A.

Meine sehr verehrten Damen und Herren,
ich fühle mich etwas in die Situation des Hans Sachs gedrängt, wenn er sagt: »Euch macht Ihr's leicht, mir macht Ihr's schwer, gebt Ihr mir Armem zuviel Ehr'.« Sie dürfen also nicht zuviel erwarten von dem, was ich Ihnen zu sagen habe.

Ich möchte mich ganz einfach beschränken auf die Diskussion einiger kritischer Punkte. Ich werde versuchen, nichts zu sagen, was Ihnen allen mehr oder minder vertraut, sondern das eine oder andere, was vielleicht nicht so im allgemeinen Bewußtsein gegenwärtig ist.

Über den Antisemitismus heute und seine mögliche Abwehr zu sprechen, scheint zunächst ein wenig anachronistisch, weil, wie man so sagt, der Antisemitismus in Deutschland kein aktuelles Problem darstelle. Das wird Ihnen bestätigt werden etwa durch die Erhebungszahlen der Meinungsforscher, vor allem der kommerziellen Meinungsforschungs-Institute, die uns dauernd darüber berichten, daß die Zahl der Antisemiten abnehme. Die Gründe dafür sind zunächst einmal sehr handgreiflich: einmal die offiziellen Tabus, die in unserer Gesellschaft heute, in Deutschland jedenfalls, über dem Antisemitismus liegen, dann das Furchtbare, daß es in

Deutschland kaum noch Juden gibt, an die sich das antisemitische Vorurteil heften könnte. Ich möchte dies alles nicht leugnen, aber ich glaube doch, daß die Frage nicht so einfach ist wie ihre statistische Struktur. Sie dürfen nicht annehmen, der Antisemitismus sei ein isoliertes und spezifisches Phänomen. Sondern er ist, wie Horkheimer und ich das seinerzeit in der ›Dialektik der Aufklärung‹ ausgedrückt haben, der Teil eines »Tickets«, eine Planke in einer Plattform. Überall dort, wo man eine bestimmte Art des militanten und exzessiven Nationalismus predigt, wird der Antisemitismus gleichsam automatisch mitgeliefert. Er hat sich in solchen Bewegungen bewährt als das Mittel, das die sonst sehr divergierenden Kräfte eines jeden Rechtsradikalismus auf die gemeinsame Formel zu bringen geeignet ist. Dazu kommt, daß das Potential durchaus überlebt hat. Sie brauchen sich dazu nur die rechtsradikale Presse in Deutschland anzusehen, von der es eine erkleckliche Anzahl von Repräsentanten gibt, und Sie werden vielen Äußerungen begegnen, die man als krypto-antisemitisch zu deklarieren vermag, die durch ihre Implikationen, auch durch einen gewissen Gestus des Augenzwinkerns, den Antisemitismus nähren. Schließlich ist es so, daß wir auch gerade in unserer Arbeit am Frankfurter Institut für Sozialforschung einigen Anlaß haben, den schönen Zahlen, die uns von den Meinungsforschungs-Instituten an die Hand gegeben werden, nicht so absolut zu vertrauen. So hat es sich beispielsweise vor einiger Zeit bei einer Erhebung herausgestellt, daß Kinder aus kleinbürgerlichen und zum Teil auch aus proletarischen Kreisen eine gewisse Neigung zu antisemitischen Vorurteilen haben. Wir bringen das damit zusammen, daß die Eltern dieser Kinder seinerzeit zu der aktiven Gefolgschaft des Dritten Reiches gehörten. Sie sehen heute nun sich gezwungen, ihren Kindern gegenüber ihre damalige Haltung zu verteidigen, und werden dadurch fast automatisch veranlaßt, ihren Antisemitismus aus den dreißiger Jahren aufzuwärmen. Unser Mitarbeiter Peter

Schönbach hat dafür den recht glücklichen Ausdruck eines »sekundären Antisemitismus« geprägt. Diesen Dingen wäre nachzugehen. Wichtig wäre dabei, von vornherein die Aufmerksamkeit auf die spezifischen Gruppen zu richten, innerhalb deren dies Nachleben des faschistischen Antisemitismus zu beobachten ist. Jede Forschungsarbeit in dieser Zone muß geleitet sein von dem Gedanken der Notwendigkeit, solche Phänomene und Manifestationen zu begreifen und sich einzugestehen, anstatt sich zu entrüsten. Nur wenn man auch das Alleräußerste – nicht einfühlend, sondern schematisch – noch zu verstehen vermag, wird es einem möglich sein, sinnvoll und mit Wahrheit dagegen zu wirken. Ein Symptom für die mächtige kollektive Gewalt der Abwehr des gesamten Schuldzusammenhangs der Vergangenheit ist die begeisterte Aufnahme, die seit einiger Zeit in Deutschland eine Reihe von angelsächsischen Autoren finden, die in bezug auf die Kriegsschuldfrage Deutschland zu entlasten scheinen. Sie werden enthusiastisch zitiert, auch wenn sie selber dem Tenor ihrer Bücher nach alles andere als deutschfreundlich sind. Man kann wahrscheinlich sagen, ohne Gewaltsamkeit unterstellen, daß überall, wo solche Wirkungen stattfinden, aus purem Drang zur kollektiven Selbstverteidigung heraus auch der Antisemitismus des Dritten Reiches irgend apologetisch erklärt wird. Sobald man ihn sich aber einmal plausibel macht, etwa durch das Argument, der Einfluß der Juden damals sei wirklich ungebührlich groß gewesen, ist bereits ein Weg gebahnt, der zu dem unmittelbaren Wiederaufleben des Vorurteils selber führen kann. Man hört denn auch dementsprechend recht häufig, daß man den Juden heute, deren Anzahl, wie gesagt, ja wirklich verschwindend gering ist, keinen zu großen Einfluß einräumen, daß man sie nicht in hohe Ämter zulassen sollte und ähnliches. Lassen Sie mich gleich vorweg sagen, daß ich es deswegen, im Sinne der Abwehr des Antisemitismus, nicht für richtig fände, etwa den Einfluß der Juden in der Weimarer Republik zu leugnen. Wenn man sich auf eine solche Kasuistik, gar auf ein Herumwürfeln mit Zahlen einläßt, ist man von vornherein im Nachteil. Man muß viel radikaler argumentieren: sagen, daß in einer Demokratie überhaupt die Frage nach dem Anteil verschiedener Bevölkerungsgruppen an verschiedenen Berufen von vornherein das Prinzip der Gleichheit verletzt. Ich sage Ihnen das, weil mir hier ein Modellfall gegeben zu sein scheint für Probleme der Gegenargumentation gegen den Antisemitismus, mit denen wir ständig konfrontiert sind.

Ich hatte Sie aufmerksam gemacht auf das Phänomen des versteckten Antisemitismus heute, mit dem man es auf Grund der offiziellen Tabus zu tun hat. Dieser Krypto-Antisemitismus ist eine Funktion der Autorität, die hinter dem Verbot offener antisemitischer Manifestationen steht. Es liegt aber in diesem Versteckten selbst ein gefährliches Potential; das Tuscheln, das Gerücht (ich habe einmal gesagt, der Antisemitismus sei das Gerücht über die Juden), die nicht ganz offen zutage liegende Meinung war von jeher das Medium, in dem soziale Unzufriedenheiten der verschiedensten Art, die in einer gesellschaftlichen Ordnung sich nicht ans Licht trauen, sich regen. Wer sich derart der Meinung, dem Gerücht zuwendet, wirkt von vornherein so, als ob er einer heimlichen, wahrhaften und durch die Oberflächenformen der Gesellschaft nur unterdrückten Gemeinschaft angehörte. Darauf spekuliert tatsächlich einer der wesentlichen Tricks von Antisemiten heute: sich als Verfolgte darzustellen; sich zu gebärden, als wäre durch die öffentliche Meinung, die Äußerungen des Antisemitismus heute unmöglich macht, der Antisemit eigentlich der, gegen den der Stachel der Gesellschaft sich richtet, während im allgemeinen die Antisemiten doch die sind, die den Stachel der Gesellschaft am grausamsten und am erfolgreichsten handhaben. Der Krypto-Antisemitismus führt von selbst auf den Autoritätsglauben. Das Problem der Autorität in der Bekämpfung des Antisemitismus nun liegt kompliziert. Man soll nicht, um eine gültige Formel zu gewinnen, die Phänomene dort vereinfachen, wo die Realitäten nicht einfach sind und widerspruchsvoll. Man soll nicht automatisch sagen: »Den Antisemitismus bekämpfen, das hieße autoritär sein, also soll man auch gegen den Antisemitismus keine Autorität einsetzen.« Ich kann Ihnen drastisch klarmachen, worum es sich hier handelt. Selbstverständlich darf man in keiner Sekunde die enge Verkoppelung des antisemitischen Vorurteils mit autoritätsgebundener Charakterstruktur und mit autoritären Mächten überhaupt verleugnen. Man wird dort, wo es sich um die formativen Prozesse der Persönlichkeit, also um Erziehung in einem allerweitesten Sinn handelt, ganz sicher der Bildung des autoritätsgebundenen Charakters entgegenarbeiten müssen, also konsequent antiautoritär im Sinne auch der Ergebnisse der modernen Erziehungswissenschaft sich zu verhalten haben. Aber wir haben es nicht nur mit Menschen zu tun, die wir bilden oder verändern können, sondern auch mit solchen, bei denen die Würfel bereits ausgespielt sind, vielfach solchen, für deren besondere Persönlichkeitsstruktur es charakteristisch ist, daß sie in einem gewissen Sinn verhärtet, nicht eigentlich der Erfahrung offen sind, nicht recht flexibel, kurz: unansprechbar. Diesen Menschen gegenüber, die im Prinzip selber lieber auf Autorität ansprechen und die sich in ihrem Autoritätsglauben auch nur schwer erschüttern lassen, darf auf Autorität auch nicht verzichtet werden. Wo sie sich ernsthaft vorwagen bei antisemitischen Manifestationen, müssen die wirklich zur Verfügung stehenden Machtmittel ohne Sentimentalität angewandt werden, gar nicht aus Strafbedürfnis oder um sich an diesen Menschen zu rächen, sondern um ihnen zu zeigen, daß das einzige, was ihnen imponiert, nämlich wirklich gesellschaftliche Autorität, einstweilen denn doch noch gegen sie steht. Auch die Argumentationen, die man ihnen gegenüber vorbringt, müssen von vornherein

so angelegt sein, daß sie, ohne daß man dabei irgend von der Wahrheit abginge, Menschen erreichen können, die eine solche Charakterstruktur haben.
Spreche ich von Autorität, so ist es unvermeidlich, gerade in unserem Kreis, daß ich ein paar Worte sage auch über das Problem der religiösen Autorität, auf die sich zu berufen zunächst einmal eines der drastischsten Mittel der Abwehr von Rassevorurteilen erscheint. Ich bin mir dessen bewußt, daß eigentlich die aktiven und zuverlässigsten Kräfte, die sich heute in Deutschland überhaupt in der Abwehr von antisemitischen Regungen finden, vielfach religiösen Gruppen, und zwar beider großen christlichen Konfessionen gleichermaßen, angehören. Kaum muß ich eigens noch etwas über die große Dankbarkeit sagen, die man diesen Gruppen eben deshalb schuldet. Aber gerade weil diese Gruppen die Abwehr des Antisemitismus und das, was man in einem höheren Sinne Wiedergutmachung nennen könnte, so ernst nehmen, darf man vielleicht auch vor einem Mißverständnis warnen, das im Verhältnis zwischen positiver Religion und Antisemitismus leicht sich einstellt. Man soll nämlich nicht für selbstverständlich halten, daß der Appell an Religion unmittelbar dem Antisemitismus entgegenwirkt; vor allem soll man nicht deshalb, weil man selber zu einer religiösen Gruppe gehört, daraus nun etwas wie ein Vorrecht der Religion auf die Bekämpfung des Antisemitismus in dem Sinne ableiten, daß man gegen Antisemiten immer wieder und bei jeder sich bietenden Gelegenheit von Religion redet. Sonst ergibt sich sehr leicht die Gefahr dessen, was man mit einer amerikanischen Prägung »preaching to the saved« nennt, denen predigen, die von vornherein schon gerettet sind. Das Verhältnis der Religion zum Antisemitismus ist das der Verpflichtung, ihm sich entgegenzusetzen, nicht das eines Monopols auf seine Abwehr. Dabei ist vor allem der Bewußtseinsstand der Antisemiten selber zu erwägen. Die Menschen, die man als Kerngruppen des Antisemitismus ansprechen

kann, sind schwerlich religiösen Argumenten zugänglich. Ihnen imponiert zwar vielleicht die Macht der Kirchen als Institutionen, sie neigen aber im allgemeinen zu einer Art von naturalistischem Sozialdarwinismus, so wie er auch Hitlers Elaborat ›Mein Kampf‹ durchzieht. Die antisemitischen Gruppen haben sozial sich in einem weiten Maß aus Schichten rekrutiert, die in doppelter Abwehr standen: auf der einen Seite gegen den Sozialismus, auf der anderen Seite gegen das, was ihnen Klerikalismus hieß. Sie verbinden einen gewissen Widerstand gegen konventionalistisch-konservative Mächte mit dem gegen die Arbeiterschaft. In Österreich war das ganz besonders markant: wer dort weder christlichsozial noch Sozialdemokrat war, tendierte fast automatisch zum Deutschvölkischen und damit zum Antisemitismus. Von dieser Mentalität würde ich annehmen, daß sie auch heute weiterexistiert. Grundstrukturen der politischen Gruppierung haben eine merkwürdige Zählebigkeit, die offenbar selbst über die Weltuntergänge hinwegträgt, die wir schon mitgemacht haben. Daher kommen religiöse Argumentationen leicht in ideologischen Nachteil gegenüber Menschen, die schon von vornherein in einer Sphäre leben, die die religiöse gar nicht an sich herankommen läßt und in ihr nur den fiktiven ultramontanen Herrschaftsanspruch wittert. Auch die religiösen Gruppen – und das erfordert eine gewisse Selbstentäußerung – sollten versuchen, mit dem Antisemitismus auf dessen eigenem Boden zu kämpfen, auf der einen Seite also die Bildung antisemitischer Charaktere zu verhindern helfen, dort aber, wo sie bereits existieren, an das anzuknüpfen, was wir vom Bewußtsein und Unbewußtsein der Antisemiten wissen, und darüber hinaus zu gelangen, nicht aber einfach dagegen ihren Standpunkt behaupten und gar propagieren. Ich berühre damit die Stellung zum Problem der Propaganda insgesamt. Lassen Sie mich dem, ein wenig pointiert, eine These voranstellen: Antisemitismus ist ein *Massenmedium;* in dem Sinn, daß er anknüpft an unbewußte Triebregungen, Konflikte, Neigungen, Tendenzen, die er verstärkt und manipuliert, anstatt sie zum Bewußtsein zu erheben und aufzuklären. Er ist eine durch und durch antiaufklärerische Macht, trotz seines Naturalismus, und hat trotz seines Naturalismus auch von jeher im schroffsten Gegensatz zu der in Deutschland immer wieder beschimpften Aufklärung sich verstanden. Diese Struktur hat er gemeinsam mit dem Aberglauben, mit der Astrologie, die ebenfalls versucht, unbewußte Regungen zu verstärken und auszubeuten, und mit aller Propaganda dazu; sie tut stets dasselbe. Infolgedessen ist das, was man so Propagandamethoden nennt, von vornherein dem Antisemitismus gegenüber im Nachteil. Ich halte gerade diese rationale Fixierung irrationaler Tendenzen, ihre Bestätigung oder Reproduktion durch verschiedene Formen von Massenmedien heute für eine der gefährlichsten ideologischen Kräfte in der gegenwärtigen Gesellschaft. Bei Gelegenheit einer Arbeit gegen die kommerzielle Astrologie der Zeitungsspalten, die ich vor einiger Zeit veröffentlicht habe, hat ein bekannter Psychologe gegen mich polemisiert, ohne mich ausdrücklich zu nennen, und hat mir vorgeworfen, daß ich diese harmlosen Dinge überschätze; daß es doch eigentlich ganz schön wäre, wenn die Astrologie die Menschen dazu brächte, nett zueinander und beim Autofahren ein bißchen vorsichtiger zu sein. Ich will die Astrologie in ihrer Bedeutung nicht überschätzen, aber ich möchte doch ebenso davor warnen, sie zu unterschätzen. Die Tendenz, nicht etwa das schwelend Unbewußte aufzuklären, sondern es zu manipulieren und in den Dienst irgendwelcher Sonderinteressen zu bringen, liegt auch im antisemitischen Vorurteil. Ich könnte Ihnen den Nachweis erbringen, daß bis ins einzelne eine strukturelle Übereinstimmung der, lassen Sie mich sagen, »astrologischen Stereotype« und der »antisemitischen Stereotype« vorliegt und daß die Mechanismen, um die es sich dabei handelt, zugleich die Invarianten der Reklamepsychologie sind.

Der Antisemitismus, könnte man sagen, ist so etwas wie die Ontologie der Reklame. Deshalb, meine ich, muß man sich gegen alles Reklameähnliche wehren. Wer gegen den Strom schwimmt, und wir müssen uns darüber klar sein, daß wir heute und in der jetzigen Situation mit unserer Arbeit gegen den Strom schwimmen, der darf sich nicht so benehmen, als ob er mit dem Strom schwämme. Es hilft nur emphatische Aufklärung, mit der ganzen Wahrheit, unter striktem Verzicht auf alles Reklameähnliche. Vergessen Sie nicht, daß die Abwehrmechanismen, mit denen wir zu rechnen haben, außerordentlich fein alles Reklameähnliche registrieren und eliminieren. Sehen Sie sich als Gradmesser die rechtsradikale Presse an. Sie werden darin höchst sicher immer wieder all das denunziert finden, was an Reklame irgend gemahnt. (Nebenbei bemerkt: Es wäre eine recht gute Schule für unsere Arbeit, wenn wir uns die Blättchen, um die es sich hier handelt, einmal recht genau ansehen und sie analysieren würden auf Grund der Stimuli – der Reize, die sie sehr schlau verwenden; wir könnten erschließen, was heute die anfälligsten Zonen sind, um unsere Arbeit danach wesentlich einzustellen.) Es gibt eine prinzipielle Allergie der Bevölkerung gegen die von allen Seiten der Welt heute losgelassene Reklame. Während aber die meisten im allgemeinen der Reklame wehrlos gegenüberstehen, wird dort, wo sie mit unbewußten Tendenzen so übereinstimmt wie im Falle des Antisemitismus, die Abwehr übertragen auf das, was man Gegenreklame nennen könnte; man wird hier auf besonders heftigen Widerstand stoßen. Die antisemitische Abwehr der Aufklärung konzentriert sich mit Vorliebe auf irgendwelche Fakten und Daten, die nicht absolut sicher sein sollen, wie etwa die Anzahl der ermordeten Juden, die Authentizität mancher Dokumente und ähnliches. Es wäre von vornherein falsch, sich dabei in die Kasuistik einzulassen. Statt dessen sollte man versuchen, zur Besinnung über die Formen des Denkens zu veranlassen, das sich darauf kapriziert, es wären nicht sechs, sondern *nur* fünf Millionen gewesen, und das dann von dort unmerklich, wie ich es wiederholt in rechtsradikalen Publikationen habe beobachten können, dazu übergeht, daß es am Ende nur ein paar Tausend gewesen seien. Generell ist es besser, über Strukturen der Argumentation aufzuklären, über die Mechanismen, die ins Spiel gebracht werden, als jeweils sich auf eine unendliche Diskussion innerhalb der Strukturen einzulassen, die von den Antisemiten gewissermaßen vorgegeben sind und durch die man a priori ihren eigenen Spielregeln sich unterwerfen würde. Beispiel: das beliebte Schema des Aufrechnens; daß es zwar wahr sei, soundso viele Juden wären umgebracht worden; »Krieg« – so wird einem dann bedeutet – »sei Krieg, dabei flögen eben Späne, aber Dresden wäre doch auch entsetzlich gewesen«. Kein Vernünftiger wird das bestreiten, wohl aber das ganze Schema des Denkens, die Vergleichbarkeit von Kriegshandlungen mit der planmäßigen Ausrottung ganzer Gruppen der Bevölkerung. – Oder: »Es sei nun so lange Zeit vergangen, daß man endlich einen Schlußstrich zu ziehen habe«; ein Argument, das immer von denen vorgebracht wird, die das größte Interesse an einem solchen Schlußstrich haben. Zu antworten wäre nur, daß, solange eine Gesinnung fortlebt, die der gleicht, die das Grauen verübt hat, der Schlußstrich selber noch unzeitgemäß ist. – Oder das beliebte Argument: »Hitler hat in so vielem recht gehabt, er hat zum Beispiel die Gefahr des Bolschewismus rechtzeitig erkannt; nun, er wird schon mit den Juden auch nicht ganz unrecht gehabt haben.« Hier müßte man in die ganze politische Dialektik eintreten; erklären, daß die furchtbaren Konflikte, die heute die Welt bedrohen, wahrscheinlich niemals in dieser Weise sich konstituiert hätten, wenn nicht durch Hitler selber eine Situation geschaffen worden wäre, die dann zu dieser Drohung führte. – Ein besonders hintersinniges Argument ist: »Man darf ja gegen Juden heute nichts sagen.« Es wird sozusagen gerade aus dem öffentlichen Tabu über dem Antisemitismus ein Argument für den Antisemitismus gemacht: wenn man nichts gegen die Juden sagen darf, dann – so läuft die assoziative Logik weiter – sei an dem, was man gegen sie sagen könnte, auch schon etwas daran. Wirksam ist hier ein Projektionsmechanismus: daß die, welche die Verfolger waren und es potentiell heute noch sind, sich aufspielen, als wären sie die Verfolgten. Dem kann man nur dann begegnen, wenn man nicht etwa idealisiert, wenn man nicht etwa Lobreden auf große jüdische Männer hält oder hübsche Bilder von israelischen Bewässerungsanlagen oder Kibbuz-Kindern dort vorführt, sondern eben die jüdischen Züge, auf welche die Antisemiten deuten, erklärt, ihr Recht und ihren Wahrheitsgehalt darstellt. Überhaupt ist es viel besser, als die Juden zu verharmlosen und sie als eine Art von Lämmerchen oder Sonnenjünglingen vor Augen zu stellen, zu sagen, daß sie eine große, stürmische und wilde Geschichte hatten, in der es genausoviel Furchtbares gibt wie in der Geschichte anderer Völker auch. Abstoßend wäre ein sentimentales Reklamebild. Man darf auch nicht, wie es so vielfach geschieht, die Juden, sei es aus noch so guter Absicht, mit ihrer eigenen Religion identifizieren, unter dem Gesichtspunkt ihrer religiösen Taten und Leistungen versuchen, sie »schmackhaft« zu machen, sondern keinesfalls verschweigen, daß sie mit dem bürgerlichen Zeitalter wesentlich Träger der Aufklärung waren, und man muß sehr dazu sich stellen. Keine mögliche Haltung gegen das antisemitische Potential, die nicht selber mit Aufklärung sich identifizieren müßte. Den Antisemitismus kann nicht bekämpfen, wer zu Aufklärung zweideutig sich verhält. Es ist nicht von sogenannten positiven Leistungen zu schwafeln (soviel derartige positive Leistungen selbstverständlich existieren), sondern gerade auf den Nervenpunkt einzugehen: das kritische Element im Geist der Juden, das verbunden ist mit ihrer gesellschaftlichen Mobilität. Dies kritische Moment ist als Moment der Wahrheit selber der Gesellschaft unabdingbar; es lag ursprünglich genau im Prinzip der gleichen bürgerlichen Gesellschaft, die heute, in ihrer Spätphase, des kritischen Moments zugunsten eines faden und falschen Ideals von Positivität sich zu entledigen sucht. – Oder, wenn ich noch ein paar solcher Modelle improvisieren darf: wenn etwa von Antisemiten gesagt wird, die Juden entzögen sich der harten körperlichen Arbeit, so wäre es nicht der Weisheit letzter Schluß, zu erwidern, es habe doch im Osten so viele jüdische Schuster und Schneider gegeben, und es gebe heute in New York so viele jüdische Taxichauffeure. Indem man so spricht, gibt man den Antiintellektualismus bereits vor und begibt sich damit schon selber auf die Ebene des Gegners, auf der man stets im Nachteil ist. Man müßte statt dessen aussprechen, daß diese ganze Argumentation eine Rancune-Argumentation ist: weil man selber glaubt, hart arbeiten zu müssen oder es wirklich muß; und weil man im tiefsten weiß, daß harte physische Arbeit heute eigentlich bereits überflüssig ist, denunziert man dann die, von denen zu Recht oder Unrecht behauptet wird, sie hätten es leichter. Eine wahre Entgegnung wäre, daß Handarbeit alten Stils heute überhaupt überflüssig, daß sie durch die Technik überholt ist und daß es etwas tief Verlogenes hat, einer bestimmten Gruppe Vorwürfe zu machen, daß sie nicht hart genug physisch arbeitet. Es ist Menschenrecht, sich nicht physisch abzuquälen, sondern lieber sich geistig zu entfalten. Entfallen müßte darum die gesamte Argumentationsreihe, die sich darauf bezieht, daß die Juden in Israel mit saurem Schweiß das Land fruchtbar machen. Ich bin der letzte, der die großartige Leistung dort verkleinert. Aber sie ist selber im Grunde nur der Reflex auf die furchtbare soziale Rückbildung, die den Juden durch den Antisemitismus aufgezwungen wurde, und nicht zu verabsolutieren, nicht so darzustellen, als ob der Schweiß an sich etwas Verdienstliches und etwas Positives wäre. All das bedarf einer gewissen Weite, Übersicht, Souveränität, welche die Phänomene in ihre Zusammenhänge rückt und so, ohne jede billige Apologetik, jedenfalls diejenigen erreicht, die überhaupt rationalen Denkens fähig sind, anstatt eine Rechthaberei zu betreiben, in der immer derjenige, der sich verteidigen will, gegenüber dem Aggressiven als der Schwächere sich erweist. – Ich möchte Ihnen noch ein Modell geben, das mit dem anderen sehr nah zusammenhängt, den Vorwurf des Vermittlertums der Juden. Rasch wird daraus der Vorwurf der Unehrlichkeit, des Betrugs, der Täuschung – das Wort ist nun einmal mit dem Tauschen verwandt. Selten wird man auf die volle ökonomische Theorie dieses Vorurteils und seine Widerlegung eingehen, aber darauf hinweisen können, daß man, seit es eine entfaltete bürgerliche Tauschgesellschaft gibt, dieser Vermittlerfunktion gesellschaftlich bedurfte. Infolgedessen ist es illegitim, jene Funktion, nur weil sie im Zeitalter der gegenwärtigen Hochkonzentration ökonomischer Macht zurücktritt, von vornherein als parasitär, unmoralisch und schlecht zu denunzieren. Man wird weiter auch daran zu erinnern haben, daß zwischen dem Vermittlertum, der Sphäre der Zirkulation – wie man das in der Ökonomie nennt –, der Sphäre des Geldes und dem Geist eine bestimmte Relation herrscht, wie sie selbst von einem rechtsradikalen Denker wie Oswald Spengler hervorgehoben wurde. Ohne die Sphäre des Vermittlertums, die von Handel, Geldkapital und Mobilität, wäre die Freiheit des Geistes, der sich von der bloßen Unmittelbarkeit gegebener Verhältnisse löst, unvorstellbar gewesen. Was ich an Hand dieser herausgegriffenen Modelle Ihnen habe zeigen wollen, ist, daß man nur dann wirksam gegen den Antisemitismus sprechen kann, wenn man die Wahrheit sagt und die Dinge in ihrer Komplexität und ihrem gesellschaftlichen Zusammenhang mit der gesellschaftlichen Lokalität sieht, anstatt sich auf billige Widerlegungen zu beschränken, die ihrerseits immer wieder nur Gegenargumente herauslocken und der schlechten Unendlichkeit zusteuern.

Ich möchte jetzt eingehen auf die beiden Grundtypen von Gegenwehr, die ich für die nun einmal maßgebenden halte. Ich bediene mich dabei einmal ganz schlicht der amerikanischen Terminologie, die das »long term program« und das »short term program« unterscheidet; Maßnahmen, die auf lange Strecken hin geplant werden, und solche, die unmittelbar praktiziert werden sollen. Diese beiden Typen könnte man auch das Erziehungsprogramm und das unmittelbare Abwehrprogramm nennen. Für sie gilt die Unterscheidung, die ich zu Beginn anregte: daß man bei der Planung für lange Sicht möglichst der Bildung autoritätsgebundener Charaktere entgegenwirkt, daß man dagegen bei der aktuellen Einwirkung in einem gewissen Sinn der Autorität nicht ganz entraten kann. Beim »long term program«, also dem Problem einer Erziehung, die wirklich an den Antisemitismus heranzukommen sucht, ist es wichtig, etwas zu unterstreichen, was oft mißverstanden wird. Vielfach, und nicht immer bona fide, hält man mir entgegen, daß der Antisemitismus ja nicht nur ein psychologisches Problem sei, sondern daß er seine ökonomischen und kulturellen Wurzeln und Gott weiß was sonst habe. Diejenigen von Ihnen, die ein wenig vertraut sind mit dem Denken, für das ich sonst einstehe, werden wissen, daß ich am letzten zum Psychologismus neige. Der Antisemitismus ist nicht einfach zu einer Frage der psychologischen Einstellung zu machen. Nehmen wir aber einmal an, der Antisemitismus gehe in erheblichem Maß auf frühkindliche Erlebnisse zurück – oder jedenfalls die Grundlage dafür, daß Menschen für antisemitische Reize später rezeptiv sind, werde in ihrer frühen Kindheit gelegt –, dann wird man dabei notwendig auch auf die psychologische Seite verwiesen. Eben weil dieser Aspekt im allgemeinen vernachlässigt wird, haben wir in der Untersuchung ›The Authoritarian Personality‹ besonderes Gewicht darauf gelegt; einfach, um dem vielen anderen, was man dazu weiß, etwas hinzuzufügen, was man offenkundig nicht ebenso gewußt hat. Ich darf indessen vielleicht doch sagen, daß Elemente einer *Gesamt*-Theorie des Antisemitismus in unserer Gesellschaft sich in dem Buch ›Dialektik der Aufklärung‹ von Horkheimer und mir finden und daß darin diese psychologischen Aspekte ihren richtigen Stellenwert empfangen. Durch die Objektivität, in welche die psychologischen Mechanismen des Antisemitismus eingespannt sind, werden natürlich der Erziehungsarbeit gewisse Grenzen gesetzt. Man tut gut daran, diese Grenzen nicht so zu deuten, wie wenn sie bezeugten, der Antisemitismus sei ein Urphänomen. Auch sie wären aus der Dynamik der Gesellschaft abzuleiten.

Es geht also darum, in der Erziehungssphäre – im weitesten Sinn – möglichst zu verhindern, daß sich so etwas wie ein autoritätsgebundener Charakter bildet. Ich möchte dessen Theorie hier nicht geben; Sie können ja darüber viel nachlesen. Ich darf nur vielleicht an das erinnern, daß durch Unterdrückung, besonders durch heftige, brutale väterliche Autorität, sich sehr oft das konstituiert, was man psychoanalytisch den ödipalen Charakter nennt, das heißt: Menschen, die auf der einen Seite beherrscht sind von verdrängter Wut, aber auf der anderen Seite, eben weil sie sich nicht haben entwickeln können, wieder dazu tendieren, mit der sie unterdrückenden Autorität sich zu identifizieren und dadurch ihre unterdrückten und aggressiven Instinkte an anderen, und zwar im allgemeinen an Schwächeren, auszulassen. Der autoritätsgebundene, der spezifisch antisemitische Charakter ist wirklich der Untertan, wie Heinrich Mann ihn darstellte, oder, wie man es schlicht auf gut deutsch sagt, die Radfahrernatur – charakterisiert durch eine gewisse Art des pseudorebellischen »da-muß-doch-endlich-was-geschehen, da-muß-doch-endlich-mal-Ordnung-geschaffen-werden«; aber dann ständig bereit, vor den Trägern der wirklichen Macht, der ökonomischen oder welcher auch immer, sich zu ducken und es mit ihr zu halten. Wenn man der Formation des Charakters von Hitler selber nachgeht, wie das wohl in amerikanischen Untersuchungen geschehen ist, wird man all diesen Dingen wieder begegnen. Aber es ist hier eine Ergänzung zu machen – und damit weise ich Sie auf ein Problem hin, das ich Ihnen ans Herz legen möchte mit der Bitte, darüber nachzudenken, ohne daß ich Ihnen etwa eine Patentlösung anzubieten hätte –: Heute entscheidet in der Erziehung weniger die väterliche Brutalität so wie im Fall Hitlers, sondern eine bestimmte Art von Kälte und Beziehungslosigkeit, die die Kinder in ihrer frühen Kindheit erfahren. Sie hängt ihrerseits sehr tief zusammen mit der Transformation der Familie in eine »Tankstelle«, wie man das gelegentlich genannt hat. Der Typus von Charakter, der – wenn ich mich nicht irre – psychologisch heute in unserem Zusammenhang der bedrohliche ist, gleicht viel eher dem, welchen ich in der ›Authoritarian Personality‹ den manipulativen genannt habe. Es sind jene pathisch kalten, beziehungslosen, mechanisch verwaltenden Typen wie Himmler und der Lagerkommandant Höss. Es ist außerordentlich schwer, gegen die Bildung dieses Typus in der frühen Kindheit anzugehen. Es ist die Reaktion auf einen Mangel an Affekt, und Affekt kann man nicht predigen. Daß es zur Freiheit des Affekts nicht kommt, liegt an unserer Gesellschaft selber. Das ist eine jener objektiven Grenzen psychologischer Erziehung, auf die ich Sie vorher hinwies. Es handelt sich um eine besonders kritische Zone; man sollte sehr darüber nachdenken, was man in ihr tun kann, ohne in die Verlogenheit synthetischer Nestwärme, Nestwärme mit Klimaanlage, zu verfallen, wie es denn überhaupt nichts Törichteres gibt, als Menschen aufzufordern zu lieben.

Die Bemerkungen, die ich anschließe, beziehen sich mehr auf meine eigene Erfahrung, als daß sie strenge wissenschaftliche Dignität beanspruchen dürften, sie fügen sich aber zumindest der wissenschaftlichen Konzeption des autoritätsgebundenen Charakters einigermaßen sinnvoll ein. –

Die frühkindlichen Ursprünge des Antisemitismus sind im allgemeinen im *Elternhaus* zu suchen. In der Schule ist meist alles schon entschieden. Sie ist eine sekundäre Quelle; antisemitische Kameraden dürften schon von Haus aus mit Antisemitismus geimpft worden sein; sie nehmen dann in der Schule vielfach so eine Art von Schlüsselstellung ein. Dabei sind nun – ich habe das bereits angedeutet – eine besondere Gefahr solche Eltern, die sich vor ihren Kindern wegen ihrer einst eigenen nationalsozialistischen Vergangenheit rechtfertigen wollen und deshalb dazu tendieren, antisemitische Argumente zu ihrer eigenen Entschuldigung aufzuwärmen, die dann von den Kindern übernommen werden. Es wäre von großer Wichtigkeit, schon in der Phase, in der Kinder im Kindergarten sind, wenn man an ihnen irgendwelche Anzeichen ethnozentrischer Reaktion – auch Negerkindern gegenüber (die Struktur dieser Phänomene ist vollkommen gleich; ich kann das nicht stark genug unterstreichen) – bemerkt, mit den Eltern Kontakt aufzunehmen und auf sie einzuwirken. Allerdings besteht die Gefahr, daß diese Eltern selber antisemitisch fixiert sind und daß man sie eigentlich nicht überzeugen kann. In solchen Fällen wäre es ratsam, gerade die bereits antisemitisch geimpften oder anfälligen Kinder sich herauszusuchen und individuell mit ihnen zu reden. Plausibel ist die Hypothese, daß das sehr häufig entweder unterdrückte oder besonders kalt behandelte Kinder sind. Ginge man auf ihre individuellen Nöte ein, lockerte man die Verhärtung, so wären sie wohl erreichbar, weil sie ja eben das empfingen, dessen sie unbewußt bedürfen. Auch müßten auf irgendeine Weise – und in dem »auf irgendeine Weise« steckt das ganze Problem – die einwirkenden Pädagogen wirklich fähig sein, den Kindern das zu geben, was ihnen zu Hause fehlt. Weiter möchte ich annehmen, daß man es hier durchweg, schon im Kindergarten, dann auch in der Schule, mit einer Schlüssel-Gruppe, mit einigen oder wenigen Kindern zu tun hat – sozusagen, um den Ausdruck einmal auf Ungewohntes anzuwenden, »public opinion leaders«. Auf sie wäre die aufklärende und erzieherische Arbeit in der Kindheit von vornherein zu konzentrieren, anstatt daß man in diesem Bereich die Erziehung breit und notwendigerweise ohne die rechte Intensität streut. Man sollte auf sie die Aufmerksamkeit konzentrieren und sie zu verändern suchen. In Fällen, wo vom Elternhaus starker Gegendruck ausgeübt wird, dürfte ein Erzieher auch vor Konflikten mit den Eltern nicht zurückschrecken. Er müßte die Kinder lehren, daß das, was sie zu Hause hören, nicht lauteres Gold ist, daß ihre Eltern irren können, und warum. Die Zivilcourage zu solchen Konflikten wäre von den Erziehern zu erwarten.

Für möglich halte ich es, daß es in der Formation des autoritätsgebundenen Charakters und des antisemitischen Vorurteils einen kritischen Augenblick gibt. Wenn ich mich nicht täusche, ist das – ich sage es mit Vorbehalt, die Pädagogen unter Ihnen werden den Gedanken verifizieren oder falsifizieren können; es lohnt sich jedenfalls für sie, darüber einmal nachzudenken – der Augenblick des Schuleintritts. Das ist im Augenblick ja der Moment, wo man zum ersten Mal in eine Sekundär-Gruppe eintritt, die einem fremd und kalt gegenübersteht; wo man die Nestwärme – falls es heute so etwas noch gibt – plötzlich, gewissermaßen schockartig verliert. Das Trauma, das dabei sich bildet, dürfte leicht antisemitische Verhärtungen bilden. Druck und Kälte, die das Kind erfahren hat, werden weitergegeben; weil man sich selber plötzlich ausgeschlossen fühlt, wünscht man auch andere auszuschließen und sucht sich die Geeigneten aus. Pädagogen sollten ihre Aufmerksamkeit diesem Schock-Moment zuwenden und ihn womöglich abfangen. Früher gab es, in ländlichen Schulen zumal, die Volkssitte, daß der Lehrer den neu eintretenden Kindern Brezeln schenkte, die er freilich insgeheim von den Eltern bekommen hatte. Die Brezel-Sitte verrät recht tiefe Einsicht in das Phänomen. Man sollte, nach dem altertümlichen Modell, den Schock der Kälte und damit die Wendung zur Aggression zu verhindern trachten; mit anderen Worten, die Brezel-Sitte in eine Verhaltensweise umsetzen, die den Schulunterricht während der ersten Wochen der Spiel-Situation soweit wie nur möglich anähnelt. Über den ganzen Komplex wären zunächst einmal systematische Beobachtungen anzustellen, etwas wie Sozialforschung in der Schule zu betreiben, ehe man dazu kommen kann, wirklich bündige Maßnahmen zu ersinnen. Nur weiß man in so delikaten Dingen nie, wie lange man Zeit hat. Deshalb würde ich dazu tendieren, wenn meine unverbindlichen Beobachtungen plausibel sind, schon praktische Folgerungen auszuprobieren.

Überhaupt wäre in der Schule dem Problem des *Ausschließenden* nachzugehen, der Bildung besonderer Gruppen und Cliquen, die fast stets dadurch zusammengehalten werden, daß sie gegen irgendwelche anderen sich richten, die nicht mitmachen dürfen: »Mit dir spiel' ich nicht« – oder: »Der, mit dem spielt ja niemand«. Dieses Phänomen ist prinzipiell gleich gebaut wie das antisemitische. Die ihm entgegengesetzte Form einer menschlichen Beziehung wäre keine vagkollektive Klassengemeinde, sondern die individuelle Freundschaft. Im Sinne einer dem Vorurteil entgegenwirkenden Pädagogik wäre es, individuelle Freundschaften zu ermutigen und nicht, wie es sicherlich oft noch in der Schule geschieht, sie zu ironisieren und herabzusetzen; dagegen, soweit es geht, der Bildung von tuschelnden Cliquen und derartigen Gruppen entgegenzuarbeiten, insbesondere, sobald sie irgend nach Kontrolle streben. Die Struktur der Cliquen-Bildung in der Schule insgesamt ist ein Schlüssel-Phänomen. Wie in einem Mikrokosmos bildet sich dann die Problematik der ganzen Gesellschaft ab. Offensichtlich entsprechen die Cliquen einer Art geheimer Hierarchie, die der offiziellen Schul-Hierarchie, die an der Leistung gemessen wird, entgegengesetzt ist. In ihr werden ganz andere Qualitäten – physische Kraft, eine bestimmte Art von Geschicklichkeit und ähnliches – honoriert, die sonst zu kurz kommen. – In dieser Dimension wäre hinzuweisen auf die Gefahr von Organisationen, die von außen an die Schulen sich heranmachen und in die dann manche Kinder hineingehen, andere nicht. Daraus wird dann leicht ein ausschließendes Prinzip. Vom ideologischen Gehalt solcher Organisationen ist das nicht unabhängig. Kinder, die besonders zur Bildung solcher Cliquen tendieren, und unter ihnen wieder die Cliquenführer, dürften vielfach auch zum Antisemitismus neigen, identisch sein mit den antisemitischen public opinion leaders. Ihre Meinung ist eine Vorform zur späteren »nichtöffentlichen«. Grundsätzlich müßte man den Typus des mit Antisemitismus infizierten Kindes sich einmal sehr genau ansehen. Die Analyse seiner Charakterstruktur würde dazu helfen, den Charakter dieser Kinder anders zu entwickeln. Anfällige Kinder wird man oft unter denen finden, die ich in durchaus übertragenem Sinne das »Klassenproletariat« nennen möchte, also unter der kleinen Gruppe sehr schlechter Schüler, auf denen die Lehrer a priori herumhacken; die sie schon von vornherein fragen mit der durchsichtigen Erwartung, daß die Antwort doch falsch sein wird, und die durch eine Reihe von Momenten aus der offiziellen Schulhierarchie sonst ausgeschlossen sind. Sie werden generell dazu gedrängt, ihre eigene Situation auf andere zu übertragen, andere wiederum auszustoßen. Trügen meine Beobachtungen mich nicht, so sind das gar nicht selten durchaus begabte Kinder, keineswegs Dummköpfe; begabt in einem bestimmten praktisch-realistischen Sinn, ohne doch mit ihrer Begabung recht vorwärts zu kommen, ganz ähnlich jenen Leuten, die im Leben trotz einer gewissen Organisationsbegabung und manchen Fähigkeiten erfolglos waren und beim Ausbruch des Dritten Reiches sofort in die Höhe kamen, etwas leisteten und sich austobten. Nicht wenige dieser Kinder dürften aus einem Milieu stammen, in dem sie, wie man so

sagt, nicht genug mitbekommen haben. In der Schule sind sie gehemmt zu zeigen, was sie eigentlich können, trotzdem sie das Potential in sich fühlen. Ihre angestaute Rancune kehrt sich dann gegen andere. Natürlich wird das antisemitische Potential sehr verbreitet sein unter renitenten, refraktären Kindern, unter solchen, die auch anderwärts zur Gewalttätigkeit und zum Sadismus neigen. Sie haben häufig Führerstellen in der inoffiziellen Klassenhierarchie inne.
Wo es nicht gelingen sollte, individuell auf sie einzuwirken, muß man sie wohl schon in der Schule mit Autorität konfrontieren, man muß ihre ideologische Wirkung auf die anderen unter Strafe stellen, die Strafen dann auch durchführen. Wichtiger aber ist, daß man diese Kinder zum Sprechen bringt, daß sie lernen, sich auszudrücken, und zwar gar nicht nur wegen der kathartischen Wirkung, die von der Sprache überhaupt ausgeht. Jene Kinder – ich berichte wieder nur von Erinnerungen und Beobachtungen – haben vielfach Rancune gegen die, welche reden können, die Ausdrucksfähigen. Es wäre am Ende eines der wichtigsten und anständigsten Mittel in der Abwehr von Antisemitismus, Ausdrucksfähigkeit insgesamt zu steigern und die Rancune gegen das Reden abzumildern. Ich glaube, die Schülermitverwaltung, die Wahl von Vertrauensschülern, alle diese Institutionen, auch die Schülerparlamente hätten in der Entwicklung der Redefähigkeit und in der Brechung des kindlichen Tabus über das Sprechenkönnen eine dringende Aufgabe. Kinder, die einen, der reden kann, deshalb als Schmuser denunzieren, sind von vornherein Rekruten für das antisemitische Vorurteil. Bei ihnen stehen Geschicklichkeit und praktischer Sinn gegen den Geist. Ich kenne wenige, für die Formation des antisemitischen Charakters so charakteristische Dokumente wie eines, an das ich mich bestimmt erinnere, aber das, soviel ich weiß, ganz in Vergessenheit geriet: nämlich ein Edikt, das Hitler in den ersten Monaten der Machtergreifung im Jahre 1933 erließ. Es beinhaltet etwa,

daß unter keinen Umständen mehr jüdische Kinder Primus in der Klasse sein dürften. Damit trafen die Nazis mit ihrem Spürsinn für diese Komplexe auf eine Grundschicht des Antisemitismus, die Rancune gegen den Geist, der die Kinder überfordert und der in der Gestalt der traditionellen Bildung ihnen vielfach gar nichts bedeuten kann. Zur Abwehrarbeit rechnet auch, daß man die stillschweigende Identifikation von Juden und Geist zerstört. Freiheit im Verhältnis zwischen Deutschen und Juden bestünde auch darin, daß man nicht mehr automatisch unterstellt, alle Juden seien gescheit: manche sind auch dumm. Wird einmal deutlich, daß Intelligenz nicht die Eigenschaft irgendeiner Gruppe oder Rasse oder Religion ist, sondern durchaus nur eine individuelle Qualität, so hilft das schon etwas.

Auch der sogenannten positiven Stereotypenbildung wäre entgegenzuwirken, hinter der die negative Stereotypie dicht lauert. Sagt einer: »Die Juden sind alle so gescheit«, dann ist er, auch wenn er es lobend sagt, schon nahe bei »nun ja, und deshalb wollen sie uns betrügen«. Auch der Formel »die Juden sind ein so merkwürdiges, besonderes, tiefes Volk« ist nicht über den Weg zu trauen. Mein Freund Nevitt Sanford hat auf das antisemitische Stereotyp »some of my best friends are Jews« lustig geantwortet: »Some of my worst enemies are Jews.« Durch Emanzipation von der Stereotypenbildung für die Gruppe als Ganzes wird wahrscheinlich dem Vorurteil wirksamer entgegengearbeitet, als wenn man ein negatives Vorurteil mechanisch durch ein positives ersetzt. Gerade die Kollektivurteile als solche, wie sie in Deutschland verhängnisvoll, und zwar gegen alle möglichen Gruppen verbreitet sind, sind abzubauen; keinesfalls ist ein falsches Kollektivurteil durch ein ebenso falsches anderes zu berichtigen.

Ein Wort noch zur Frage der Rolle des Lehrers in der Abwehr des Antisemitismus. Ich argwöhne, daß immer noch eine erhebliche Anzahl von Lehrern stumm, schweigend, unausdrücklich mit dem Antisemitismus sympathisiert. Gerade dadurch, daß sie es nicht offen sagen, sondern in einer kaum merklichen, gestischen Weise durchblicken lassen, stellen sie von vornherein eine Art Einverständnis mit den anfälligen Schülern her. Diese haben dann das Gefühl, endlich stünde wieder gesellschaftliche Autorität hinter ihnen. Sie fühlen sich gedeckt und gestärkt. Ich sagte schon, daß die halbe Andeutung für den Antisemitismus, solange er nicht die Macht ergreift, charakteristisch, daß die Form der Andeutung zuzeiten gefährlicher sei als die offene Rede. Ich maße mir nicht an, dafür Regeln aufzustellen oder gar irgendwelche Tests zu empfehlen. Aber bei der Auswahl von Lehrern wären doch Kriterien dafür zu entwickeln, die es gestatten, solche, die mit dem autoritären Charakter und dadurch mit dem Antisemitismus sympathisieren, von vornherein fernzuhalten. Ich erinnere mich aus meiner eigenen Schulzeit an einen sehr brünetten Lehrer – er hätte leicht für einen Juden gehalten werden können, ohne übrigens in seinen wissenschaftlichen Leistungen hervorzuragen; ich habe bei keinem so wenig gelernt wie bei ihm, obwohl er mir nie etwas Böses tat. Aber er verstand sich auf eine bestimmte Art Kameraderie mit den Schülern und war bei ihnen sehr beliebt, ein Mann des Typus hail-fellow-well-met. Höchst überraschenderweise rückte er gegen Ende des Ersten Weltkrieges mit antisemitischen Hetzreden heraus, die ihn jedoch nicht daran hinderten, mit seinem flotten Schmiß und seinen Salonlöwenattitüden kurz danach die Tochter eines reichen Juden zu heiraten. Was aus der Ehe geworden ist, weiß ich nicht. Er verkörperte die Schule selbst, auf demagogische Weise, etwas wie eine verkrachte Existenz. Solche Sozialcharaktere unter den Lehrern, die ich übrigens keineswegs nur negativ beurteile, verdienten Studium. Ich wäre froh, wenn wir gerade über die Frage der Lehrerauswahl, die natürlich sehr schwierig ist – vor allem wegen der Gefahr des Denunziantentums und der Gesinnungsschnüffelei – reden würden. Ich kann nur ein sehr ernstes Problem bezeichnen, nicht aber seine Lösung beanspruchen. Die wäre wohl wirklich dem eigentlich pädagogischen Kreis vorzubehalten. – Gerade die Atmosphäre »man darf ja nicht sagen«, also die Sympathie mit der nicht-öffentlichen Meinung, wird Typen wie jenen Lehrer mit der latenten Klassenhierarchie der starken, realistischen, anti-intellektuellen Kerle zusammenbringen. Daraus resultiert dann eine verschworene Gemeinschaft bedrohlichsten Wesens.

Lassen Sie mich zum Ende noch ganz Weniges sagen über die Frage eines kurzfristigen Programms. Ich sagte Ihnen bereits, daß ich bei Menschen, bei denen das Vorurteil bereits etabliert ist, von der Herstellung sogenannter Kontakte und ähnlichem nicht viel halte. Bei ihnen ist die Erfahrungsfähigkeit bereits abgestumpft. Antisemitischen Äußerungen ist sehr energisch entgegenzutreten: sie müssen sehen, daß der, welcher sich gegen sie stellt, keine Angst hat. Man imponiert einem bissigen Hund, sobald er merkt, daß man sich nicht vor ihm fürchtet, aber ist verloren, wenn er innerviert, daß man eigentlich vor seinem Gebiß zittert; so ist es in solchen Fällen auch. Ich habe nach meiner Rückkehr nach Deutschland mit solchen Menschen unmittelbare Erfahrungen gemacht. Einmal bin ich an einer Gruppe von Chauffeuren vorbeigekommen, die damals in dem Pool für die amerikanische Besatzungsmacht beschäftigt waren. Sie schimpften untereinander wüst auf die Juden. Ich ging zum nächsten Schutzmann und ließ sie verhaften. Auf der Wache habe ich mich lange und eingehend vor allem mit dem Rädelsführer unterhalten und habe von ihm einen Satz gehört, der sich mir sehr eingeprägt hat: »Ach wissen Sie, gestern waren wir Nazi, heute sind wir Ami und morgen sind wir Kommi.« Er hat mir damit ungewollt eine tiefe Weisheit über die ganze Charakterstruktur seines Typus verraten. Bei ihm überwiegt das Motiv der Anpassung um jeden Preis alles andere. Wenn man in solchen Fällen ohne Angst zugreift und dann auf die

Argumente solcher Personen in allem frank antwortet, kann man etwas erreichen. Ich hatte jedenfalls das Gefühl, daß jene Chauffeure, jedenfalls ihrer bewußten Überzeugung nach, ein wenig anderen Sinnes von der Polizeiwache weggegangen sind. Begegnet man expliziten und fixierten Vorurteilen, so ist auf eine Art Schocktherapie zu vertrauen. Man muß die allerschroffsten Gegenpositionen beziehen. Schock und moralische Kraft gehen dabei zusammen. Schlecht ist das Zurückweichen. Gerade wer dem autoritätsgebundenen Charakter fernsteht, wird nicht auf der Vollstreckung von Strafen und ähnlichem insistieren. Unsereinem ist jede Strafwut, auf amerikanisch »punitiveness«, ekelhaft. Aber Humanität wird meist als Zeichen von Schwäche oder schlechtem Gewissen interpretiert und fordert den Mechanismus von Erpressung heraus. Man muß sowohl im Verhalten wie in der Argumentation darauf achten, daß man nicht das Stereotyp der Schwäche auslöst, das den Vorurteilsvollen zur Hand ist gegen die, welche anderen Sinnes sind als sie selber. Argumentationen muß man auch wirklich durchfechten. Beispiel: wird einem dem Sinne nach gesagt, »wo viel Rauch ist, da muß doch auch ein Feuer sein« – (wenn es soviel Antisemitismus gibt, dann muß es doch auch an den Juden liegen), so muß man entfalten, daß dies Sprichwort vorweg zur Abwehr durch Verschiebung dient, daß es nicht wahr, sondern Ideologie ist. Bei den Vorurteilsvollen, die ja gewöhnlich eine bestimmte Art von Realismus hervorsuchen und rücksichtslos auf dem individuellen und nationalen Selbstinteresse beharren, ist anzuknüpfen an die demonstrierbaren und sichtbaren Konsequenzen des Nationalsozialismus. Sie sind darauf hinzuweisen, wohin das Ganze führt, und was ihnen selber unter einem erneuerten Ganz- oder Halbfaschismus aller Wahrscheinlichkeit nach passieren wird. Weiter sollte man sich bei diesen Menschen, die, wie gesagt, oft keineswegs dumm, sondern nur verhärtet und verstockt sind, darauf beziehen, daß niemand in unserer

Gesellschaft gerne den Dummen spielen will. Man muß ihnen demonstrieren, daß der gesamte Geist des Antisemitismus, wie es in dem berühmten Zitat heißt, tatsächlich der Sozialismus der dummen Kerle ist, daß er ihnen aufgeschwätzt wird, um sie in Objekte der Manipulation zu verwandeln. Das ist die einfache Wahrheit, und sie dürfte ihren Eindruck schwerlich verfehlen, trifft man sich mit den Vorurteilsvollen auf der Ebene ihres eigenen, etwas outrierten Realismus; überzeugt man sie davon, daß sie das Gegenteil dessen erreichen, was sie eigentlich erwarten, dann wäre das ganz fruchtbar. Im Augenblick nährt noch eine besondere Situation antisemitische Regungen. Ich meine den antiamerikanischen Affekt. Irre ich mich nicht, so ist er seit der Berlin-Krise, seit jeder merkt, daß zwischen Washington und Bonn nicht alles eitel Sonnenschein ist, im Anwachsen. Gespielt wird, wohl auch in Flüsterpropaganda, auf dem alten Instrument: »Wir werden verraten, wir werden im Stich gelassen.« Der Ruf »Verrat, Verrat« ist diesseits wie jenseits des Rheins demagogisch außerordentlich bewährt. Da nun die amerikanische gegenwärtige Regierung eine Links-Regierung ist und Kennedy wohl auch eine Reihe von jüdischen Beratern hat, so leuchtet es ein, daß zusammen mit dem Anti-Kennedy-Komplex auch insgeheim der antisemitische gedeiht. Wirksame Abwehr des Antisemitismus ist von einer wirksamen des Nationalismus in jeglicher Gestalt unabtrennbar. Man kann nicht auf der einen Seite gegen Antisemitismus, auf der anderen ein militanter Nationalist sein. Ein rationales Verhältnis zu den weltpolitischen Fragen anstelle eines ideologischen und von Rancune erfüllten Nationalismus ist wohl die wesentlichste Voraussetzung fürs Bessere. Damit eng zusammen hängt in der gegenwärtigen Periode das Wiedererwachen des Anti-Intellektualismus. Man kann ihm heute auf Schritt und Tritt begegnen, keineswegs nur bei Rechtsradikalen, sondern bis tief in die Manifestationen eines sogenannten maßvollen Konservatismus hinein.

Das hängt zusammen mit der deutschen Gestalt des Konformismus. Ich weiß, daß die Anti-Intellektuellen besonders wütend werden, wenn sie das Wort Konformismus hören, aber eben diese Wut auf das Wort bezeugt die Gewalt der Sache: daß der Konformismus seinen Dienst einstweilen noch ganz brav leistet. Die Abweichung von der nun einmal etablierten Gruppenmeinung gilt von vornherein als bedenklich und fragwürdig. Dabei spielt eine besondere Rolle, wer Mängel eines Systems oder die Problematik eines bestimmten Zustandes nennt. Er wird – nach dem Verratsschema – für die Mängel verantwortlich gemacht und dadurch der von ihm charakterisierte Zustand entlastet. Immer noch gilt das Wort des alten Helvetius, daß die Wahrheit noch niemandem geschadet hat, außer dem, der sie ausspricht. Dieser Mechanismus wäre ins Bewußtsein zu heben. Man sollte nicht vor anti-intellektuellen Argumenten zurückweichen, ihnen irgend etwas vorgeben, sondern in ihrem Angesicht zu militanter Aufklärung sich stellen, das heißt, sagen, daß in einer Gesamtverfassung der Menschheit und auch der deutschen Nation, in der das Bewußtsein der Menschen nicht länger mehr gefesselt und durch alle möglichen Beeinflussungsmechanismen verstümmelt wird, intellektuell zu sein nicht länger ein beneidetes und darum diffamiertes Privileg wäre, sondern daß im Grunde alle Menschen das sein könnten und eigentlich das sein sollten, was man im allgemeinen den Intellektuellen vorbehält. Im übrigen sind, und keineswegs primär in Deutschland, die Hetzbilder gegen den Intellektuellen, mit denen viele Massenmedien operieren, oft nur leise verschleierte Stereotype des Antisemitismus. Man sollte bei der Filmindustrie vorstellig werden, daß sie derlei anti-intellektuelle Stereotype wegen jener Implikationen vermeidet. Allerdings sind sie keineswegs bloß auf die Kulturindustrie beschränkt, sondern geistern auch in der sogenannten hohen Kultur. Ich habe seinerzeit entwickelt, daß in einem der berühmtesten Werke des deutschen

Operntheaters, den Meistersingern, die kraß negative Figur Beckmesser, obwohl er als Zunftangehöriger natürlich kein Jude sein kann, doch so charakterisiert ist, daß alle erdenklichen antisemitischen Stereotype wiederkehren. Zumal einer bestimmten traditionellen, etablierten deutschen Kultur gegenüber wäre es notwendig, das auszusprechen und zu entgiften. Welches Unheil etwa heute noch durch die Lektüre von Büchern wie ›Soll und Haben‹ von Gustav Freytag angerichtet wird, wage ich kaum auszudenken. Der Respekt vor dem sogenannten kulturellen Erbe sollte nicht verwehren, es von nahe zu besehen. Der Antisemitismus ist nicht erst von Hitler von außen her in die deutsche Kultur injiziert worden, sondern diese Kultur war bis dorthinein, wo sie am allerkultiviertesten sich vorkam, eben doch mit antisemitischen Vorurteilen durchsetzt.

Rassevorurteile jeden Stils sind heute archaisch und in schreiendem Widerspruch zu der Realität, in der wir leben. Darüber jedoch ist nicht zu vernachlässigen, worauf jüngst auf dem Münsteraner Philosophentag ein soziologisch-philosophischer Denker hinwies: daß nämlich, je mehr in zunehmender rationalisierter, technischer Zivilisation solche Irrealitäten an realer Basis verlieren, gleichzeitig um so virulenter die irrationale Tendenz wird, sie festzuhalten, sich an sie zu klammern. Nun, wenn man diesen Widerspruch erst sich selber bewußt und dann auch anderen klar macht, kann man wirklich von Grund auf im Sinne dessen fortschreiten, was wohl nicht wahrer zu definieren wäre als durch den Willen: »So etwas soll nicht noch einmal sein.«

1962

Offener Brief an Rolf Hochhuth

Sehr geehrter Herr Hochhuth,
Sie haben zu der Festschrift für Georg Lukács, die mir erst jetzt zu Gesicht kommt, einen Aufsatz* beigesteuert, der wesentlich gegen mich polemisiert, vielleicht um mittelbar eine Kontroverse zwischen Lukács und mir fortzusetzen, die schon Jahre zurückliegt. »Unser modischer Chef-Theoretiker« – nach dem Zusammenhang muß ich vermuten, daß Sie damit mich meinen, obwohl ich nicht recht sehe, wer das Kollektiv sein soll, das in dem »unser« steckt. Eine Rolle dieser Art ist gemeinhin nur in totalitären Staaten vorgesehen; weder erhebe ich derlei Ansprüche, noch übe ich eine solche Wirkung aus. Mit der erweiternden Formel »seine Nachschreiber« bequemen Sie einem Cliché sich an, das meine philosophischen Intentionen neutralisieren will, indem Menschen, die bei mir allenfalls etwas gelernt haben, vorweg zu schwächlichen Imitatoren gestempelt werden; verdächtigt wird, was man sonst Philosophen ohne Zögern zubilligt, die Entstehung einer Schule. Aber nicht Gereiztheit deswegen veranlaßt mich, Ihnen zu antworten, sondern daß ich mich gründlich mißverstanden fühle und verzerrt, was ich denke. Strittig ist mehr als nur literarische Standpunkte.

Der Satz von Lukács, von dem Sie ausgehen: in der Literatur sei »der konkrete, der besondere Mensch das Primäre, der Ausgangs- und Endpunkt des Gestaltens«, dünkt mir nicht so selbstverständlich wie dem ungarischen Ästhetiker. Längst hat, auch in der Verfahrungsweise von Literatur, etwas wie die Ideologie des Besonderen sich formiert, eine

* Vgl. Rolf Hochhuth, *Die Rettung des Menschen*, in: *Festschrift zum achtzigsten Geburtstag von Georg Lukács*. Hrsg. von Frank Benseler, Neuwied und Berlin 1965, S. 484 *(Anm. d. Hrsg.)*.

Konzentration auf unverwechselbare Menschen, als ließe von ihnen noch so sich erzählen wie anno dazumal, während, nach Brechts Wort, das Wesentliche in die Funktionale rutschte. Lukács vergaß schwerlich, daß Hegel und Marx das Individuum nicht als Naturkategorie sondern als geschichtlich, nämlich vermöge der Arbeit erst Entspringendes bestimmten; das war das stärkste Motiv des Angriffs von Marx auf Feuerbach, gegen den er Hegel wieder zu Ehren brachte. Ist aber das Individuum ein Entsprungenes, so wacht keine Seinsordnung darüber, daß es nicht ebenso wieder vergehen könnte. Sperrt Lukács sich dagegen; erklärt er den besonderen Menschen zur Invariante der Literatur, so bezeugt das lediglich, daß im Bann einer zur Weltanschauung versteinerten Dialektik das dialektische Salz dumm ward. Bei Hegel heißt die Stufe der Individuation Selbstbewußtsein, weil Individualität nicht einfach das biologische Einzelwesen ist, sondern dessen durch Vernunft sich als ein Besonderes erhaltende Reflexionsform. In der großen Literatur fehlen nicht Belege dafür, daß der sich selbst bestimmende Einzelmensch keineswegs erst heute fragwürdig wurde.

Seine jüngste Krisis hat den Grund, daß die Qualitäten, welche die Gesellschaft einmal von ihm verlangte, womöglich die Kategorie des Qualitativen selber, durch die neuen Produktionsmethoden überflüssig werden; Horkheimer und ich haben, in mancherlei Varianten, das hervorgehoben. Daß die Menschen nach den Produktionsmethoden gemodelt werden, ist abscheulich, aber es ist so lange der Weltlauf, wie sie im Bann der gesellschaftlichen Produktion stehen, anstatt über diese zu gebieten. Da aber andererseits der Produktionsapparat nur um der Menschen willen da sein soll und zu seinem Zweck deren Befreiung, nämlich die von überflüssiger Arbeit hat, so wohnt dem Verfall von Individualität zugleich ein Widerspruchsvolles, wahrhaft Absurdes inne. Das nicht zuletzt zeitigt die von Ihnen wenig geliebte Literatur, für die das Wort absurd als Spitzmarke sich einbürgerte. Sie verkörpert ein richtiges Bewußtsein. Die Einsicht in das Zwangshafte eines Prozesses indessen ist nicht eins mit dessen Billigung. In diesem Entscheidenden haben Sie, verehrter Herr Hochhuth, mich schlicht mißverstanden. Verzeihen Sie mir, wenn ich, um Ihnen das zu zeigen, Eigenes zitiere, den letzten Satz der Arbeit über den Fetischcharakter in der Musik, die ich 1938 in der ›Zeitschrift für Sozialforschung‹ publizierte – sie ist wieder abgedruckt in den ›Dissonanzen‹. Dort habe ich gewisse anthropologische Erfahrungen zuerst angemeldet; ich wüßte an jenem Satz nichts zurückzunehmen: »Die kollektiven Mächte liquidieren ... die unrettbare Individualität, aber bloß Individuen sind fähig, ihnen gegenüber, erkennend, das Anliegen von Kollektivität noch zu vertreten.« Vorschlagen möchte ich, der Weisheit des Morgensternschen Überfahrenen, »daß nicht sein kann, was nicht sein darf«, nicht zu folgen, nicht Gedanken in Verruf zu bringen, die dem Bestürzenden sich stellen ohne den Trost, noch im äußersten Schrecken überlebe das Menschliche; gar zu leicht artet er in die Rechtfertigung jenes Schreckens aus. Mir will es scheinen, daß das, was Sie die »Rettung des Menschen« nennen – ich scheue vor der Formel zurück –, wofern es überhaupt möglich ist, voraussetzt, daß man das äußerste Unheil zu Ende denkt. An diesem hat auch das Individuum seine Schuld. Was heute über es ergeht, setzt seine Verhärtung und Kälte fort.

Sie sträuben sich heftig gegen die Annahme, »daß der Mensch in der Masse kein Individuum mehr sei«, so als ob, wer darauf deutet, dazu beitrüge, während die Entwicklung es dahin brachte. Ihnen, dem Künstler, ist aber fraglos eine Erfahrung offen, die Ihnen anmeldet, welche Bewandtnis es mit dem Individuum heute hat. Der Satz Rilkes vom eigenen Tod, auf den Sie sich berufen, ist zum blutigen Hohn auf die geworden, welche in den Lagern ermordet wurden oder in

Vietnam fallen. Die Äußerungen von mir, die Sie schockieren, möchten die Opfer vor diesem Hohn behüten, nicht, wie Sie es mir zutrauen, die schmähen, welche der Weltlauf an der Individuation verhindert. Sie stellen sich immer noch vor, daß man eine faszinierende Szene aus Stalin und Truman in Potsdam machen könnte, die nur einige Nebensätze der Waffe des Genocids widmen, nachdem der Tenno die Kapitulation seit zehn Tagen angeboten hat. Beiläufig werde der überflüssige Entschluß gefaßt, die Bombe über Hiroshima abzuwerfen. Ich kann mir nicht helfen: ich fände diese Szene auf dem Theater nicht faszinierend, sondern eher das, wofür der amerikanische Slang über das Wort phoney verfügt, das die Worte hohl oder scheinhaft nur unvollkommen übersetzen. Vor vielen Jahrzehnten, schon vor dem Ausbruch des Faschismus, hat Ortega y Gasset beobachtet, Weltgeschichte werde um ihrer eigenen Publizität willen eigentlich nur noch gespielt, und Karl Kraus erkannte in den ›Letzten Tagen der Menschheit‹ das ganze Grauen darin, daß die gespielte Geschichte das Allerrealste ist und womöglich den Menschen noch Ärgeres antut als früher die minder veranstaltete. Hitler war ein Schmierenkomödiant der Untaten, die er beging, und gar kein Individuum. Lassen Sie mich noch einmal zitieren, diesmal aus der ›Dialektik der Aufklärung‹, die Horkheimer und ich 1947 veröffentlichten: »Zur Kultur des Stars gehört als Komplement der Prominenz der gesellschaftliche Mechanismus, der, was auffällt, gleichmacht, jene sind nur die Schnittmuster der juristischen und ökonomischen Gerechtigkeit, mit der die letzten Fadenenden noch beseitigt werden.« Solche Schnittmuster sind vollends Diktatoren auf der Bühne. Brecht hatte schon einen richtigen Instinkt, als er in ›Furcht und Elend des Dritten Reiches‹ dessen Unwesen an den Bevölkerungen zeigte, nicht an den Herren. Dafür mußte er das traditionelle Pathos der Tragödienform preisgeben und zur Episode greifen, vielleicht auf Kosten des eigentlich Dramatischen, Konsequenz der phoneyness, die des Subjekts sich bemächtigt hat, seines gesellschaftlichen Scheins. Nur ist Brecht, indem er das politische Drama von dessen Subjekten auf die Objekte verschob, vermutlich noch nicht weit genug gegangen. Sie sind unvergleichlich mehr zu Objekten geworden, als er es sichtbar werden läßt. Unter diesem Aspekt sind die Beckettschen Menschenstümpfe realistischer als die Abbilder einer Realität, welche diese durch ihre Abbildlichkeit bereits sänftigen.

Was mich bei Stücken über die Prominenz von heutzutage am meisten irritiert, ist, daß sie stillschweigend nach den Gebräuchen der Kulturindustrie sich richten, welche Prominenz als Kriterium des Wesenhaften und für die Menschen Wichtigen unterschiebt. Zwischen Soraya, Beatrix und den tatsächlich mächtigen Spitzen aller erdenklichen Organisationen ist dabei schon gar kein so großer Unterschied mehr. Überall wird personalisiert, um anonyme Zusammenhänge, die den theoretisch nicht Gewitzigten nicht länger durchschaubar sind und deren Höllenkälte das verängstigte Bewußtsein nicht mehr ertragen kann, lebendigen Menschen zuzurechnen und dadurch etwas von spontaner Erfahrung zu erretten; auch Sie sind nicht anders verfahren. Daß immer noch spontan Handelnde existieren, und ihre Darstellung, durch die ihrem Handeln entscheidender Einfluß bestätigt wird, ist aber zweierlei. Wollte man dagegen das Grauen an den Opfern darstellen, so überhöht es sich, ohne Durchblick auf die Machtverhältnisse, die es bedingen, in unausweichliches Schicksal; irre ich nicht, so hat das Sie zur Stoffwahl Ihrer Stücke gebracht. Aus dem Schreckenszirkel führt nichts hinaus. Es liegen dafür gleichsam experimentelle Proben vor. Menschen guten Willens haben versucht, dem Unheil zu widerstehen, indem sie an Prominente, wirkliche Schlüsselfiguren der Katastrophen oder jenen Nahestehende, Hilfe heischend sich wandten; wenn ich recht sehe, sind diese Versuche gescheitert. Dem

Künstler, der weder dem Äußersten sich entziehen noch es gestalten kann, bleibt wohl nichts übrig, als bei den Opfern anzusetzen, ihre Darstellung jedoch den gewohnten Wirkungszusammenhängen des mittleren Lebens so fern zu rükken, daß an ihnen das Äußerste aufginge, ohne daß es thematisch würde; fast wagt Scham kaum es zu nennen. Das von Ihnen geforderte realistische Theater und die Absurdität mögen tatsächlich, wie es bei Ihnen durchscheint, konvergieren. Daß das allerdings gelinge, dazu bedarf es wirklich schon des Guernicabildes oder des Schönbergschen ›Überlebenden von Warschau‹. Keine traditionalistische Dramaturgie von Hauptakteuren leistet es mehr. Die Absurdität des Realen drängt auf eine Form, welche die realistische Fassade zerschlägt.

Hinter Ihrem Widerwillen gegen Massenverachtung bleibe ich nicht zurück. Keiner darf sich selbst, in elitärem Hochmut, der Masse entgegensetzen, deren Moment auch er ist. Als Gegenbegriff jedoch reicht der des Einzelnen nicht aus. Inhuman, finden Sie, sei es von mir gewesen, zu schreiben »Bei vielen Menschen ist es schon eine Unverschämtheit, wenn sie ich sagen«. Haben Sie denn wirklich nicht gemerkt, oder wollen Sie es gewaltsam nicht merken, daß damit nicht die zur Unmündigkeit Verhaltenen angeklagt sind sondern jener Machthaber, der schrieb »Ich beschloß, Politiker zu werden«, oder der Babbit, der über ein großes Kunstwerk zu urteilen meint mit dem Satz: »I like it«.

Ob, wie es Ihre Ansicht ist, das Theater am Ende wäre, wenn es je zugäbe, daß der Mensch in der Masse kein Individuum mehr sei, weiß ich nicht. Als ich vor fünfzehn Jahren Gides Dramatisierung des Kafkaschen Prozesses angriff, dachte ich ähnlich; unterdessen habe ich an späterer dramatischer Produktion gelernt, daß das Drama seine eigene Voraussetzung, die Freiheit des Subjekts, überleben, daß es dessen Niedergang ebenso darstellen kann und wohl muß, wie es einmal, in Athen, den Ursprung der Individualität, die dem

Mythos sich entringt, behandelte. Aber hätten Sie selbst recht; wäre kein Drama mehr möglich, so dürfte man kaum den eingreifendsten Erfahrungen ausweichen, damit ja noch Drama sei. Gerade Sie, der das Ethos des Dramas so sehr urgiert, müßten darin mir zustimmen. Statt dessen proklamieren Sie: »Der Mensch ändert sich nicht von Grund auf. Eine Epoche, die das behauptet, nimmt sich zu ernst.« Der Glaube an die Unveränderlichkeit der Menschennatur ist aber, wie ein Blick auf die Vulgärsoziologie und -pädagogik von heutzutage Ihnen bestätigen würde, mittlerweile zu einem Stück eben der Ideologie geworden, gegen die Ihre Dramatik angeht. Auf Ihren Vorwurf, eine Epoche nähme sich zu ernst, welche eine »Veränderung von Grund auf« annimmt, entgegne ich, daß ein Ethos, das solcher Veränderung sich sperrt, nicht ernst genug ist. Mit einer der Thesen, die das Unauslöschliche der Individualität verteidigen sollen, geraten Sie in eben die Sphäre, der Ihr eigener Abscheu gilt: »Ein Snob, der übersieht, daß auch die Fabrikarbeiterin und ihre Geschwister, die nie ein Buch lesen, mehr sind und bleiben als ein großgezogener Wurf aus der Mietskaserne, nämlich Menschen mit ganz persönlichen Konstellationen, der soll nicht lamentieren, wenn er selbst von jenen, die den Terror durchs Megaphon anweisen, eines Tages der Anonymität und Numerierung überantwortet wird, weil die Schurken sich nur zu gern einreden ließen, ihre Opfer hätten kein Gesicht mehr, sie seien nur Stimmvieh und in geringerem Maße noch Einzelwesen als etwa die Städter des Mittelalters, denen nicht das Fernsehen, sondern der Pastor alltäglich in den Ohren lag.« Überhören denn wirklich Ihre Ohren, wie sehr das Schimpfen auf den Snob, der sich für etwas Besseres halte, jener Art Volksgemeinschaft in allen Ländern Zuspruch spendet, die über den Abweichenden herfallen möchte, der vermutlich noch am ehesten Ihrem Begriff vom Individuum entspricht, aber ex lex sein soll, weil er ausplaudert, was die offizielle Ideologie verschleiert und rechtfertigt? Sagt Ihnen Ihre geschichtliche Einsicht, die sich doch sonst von Illusionen freizumachen trachtet, nicht, daß unterm Faschismus die Berufung auf die unverlierbaren Werte des Individuums, die gegen die Vermassung zu schützen seien, mit der Praxis jener Vögte sich vortrefflich verstand, in deren Vokabular »einen fertig machen«, die Gleichmacherei zum Tode, ihren hervorragenden Platz besetzte? Was sie heute Vermassung nennen – ich selbst habe das Wort nie anders denn als Kritiker seines Gebrauchs verwandt – wird den Massen von den sauberen Cliquen und Individuen angetan, die sie verwalten und dann als Masse schelten. Jede Zeile von mir meint den Widerstand dagegen. Ich möchte Ihnen nicht unterstellen, daß Sie mich mit dem massenfeindlichen Snob verwechselten; wer immer es aber sein soll, ich beneide Sie nicht um die Drohung, die Sie, offenbar nicht ganz ohne Genugtuung, ihm angedeihen ließen: er solle nicht lamentieren, wenn er selber, nach Ihren Worten, der Anonymität und Numerierung überantwortet wird, als ob wirklich er den Schurken eingeredet hätte, ihre Opfer wären keine Menschen mehr, während er nur, im Entsetzen davor, das Einverständnis zwischen dem Terror der Schurken und der Tendenz der Geschichte erkannte, welche die Menschen zu solcher Anonymität verdammt. Indem Sie um der Humanität willen sich dagegen verschließen, was aus dieser geworden ist – Valéry sah längst vor Auschwitz, die Inhumanität habe eine große Zukunft –, nähern Sie sich dem Inhumanen. Darauf möchte ich Sie nicht rhetorisch aufmerksam machen, sondern weil Humanität Sie dann wahrscheinlich doch in Ihrem Vertrauen auf die Unverlierbarkeit von Humanität beirrt. Daß es freilich im Mittelalter, in den von Lukács einstmals als sinnerfüllt gepriesenen Zeiten, nicht soviel besser bestellt war als heute; daß am Ende das Individuum nur deshalb zugrunde geht, weil seine Freiheit die ganze Geschichte hindurch mißlang, ist wohl wahr. Tatsächlich erhält eine Ontologie sich die Geschichte hindurch, die der Verzweiflung. Ist sie aber das Perennierende, dann erfährt das Denken jede Epoche, und zuvor die eigene, von der es unmittelbar weiß, als die schlimmste.

In aufrichtiger Hochschätzung
Ihr Theodor W. Adorno

1967

Gegen die Notstandsgesetze

Ein Nichtjurist darf zur dritten Lesung der Notstandsgesetze einige Worte sagen im Bewußtsein, daß es sich nicht um eine juristische Frage handelt, sondern um eine reale gesellschaftliche und politische. Obwohl es in anderen Staaten analoge Gesetze gibt, die auf dem Papier sich keineswegs humaner lesen, ist in Deutschland die Situation so durchaus verschieden, daß daraus keine Rechtfertigung des Vorhabens abgeleitet werden kann. Was in der Vergangenheit geschehen ist, zeugt gegen den Plan, gar nicht erst die Ermächtigungsgesetze, sondern bereits der Paragraph 48 der Weimarer Verfassung. Er erlaubte es, die Demokratie den autoritären Absichten des Herrn von Papen in die Hände zu spielen. Hierzulande enthalten derlei Gesetze unmittelbar repressive Tendenzen in sich, anders als etwa in der Schweiz, wo Demokratie unvergleichlich viel substantieller das Leben des Volkes durchdrungen hat. Man braucht nicht, wie manche es uns zuschreiben, von politischer Hysterie erfüllt zu sein, um vor dem sich zu fürchten, was da sich abzeichnet. Die gegenwärtige Regierung und ihr Vorläufer haben seit Jahren eine Haltung zum Grundgesetz bewiesen, die für die Zukunft einiges erwarten läßt. Aus Anlaß der sogenannten Spiegelaffäre hat der verstorbene Bundeskanzler Adenauer von einem fürchterlichen Fall von Landesverrat gesprochen, der dann vor Gericht in nichts sich auflöste. Auf der Regierungsseite brachte jemand den Zynismus auf, zu erklären, die schützenden Organe dieses Staates könnten nicht mit dem Grundgesetz unter dem Arm herumlaufen. Die Formulierung »etwas außerhalb der Legalität« ist unterdessen zum Bestandteil jenes Volkswitzes geworden, der sich nicht unmündig machen läßt. Wer angesichts dieser Tradition nicht mißtrauisch wird, der muß sich schon willentlich verblenden. Die restaurativen Tendenzen, oder wie man sie nennen will, sind nicht schwächer geworden, sondern haben sich verstärkt. Unsere Bundesrepublik hat nicht einmal im Ernst etwas gegen den Menschenraub getan, den südkoreanische Agenten begingen. Einzig verruchter Optimismus könnte von den Notstandsgesetzen etwas anderes erwarten als die Fortsetzung jenes Trends, nur weil sie mit soviel staatsrechtlicher Umsicht formuliert sind. Das Englische kennt eine Wendung, die von Prophezeiungen redet, welche von sich aus zu ihrer eigenen Erfüllung treiben. So steht es mit dem Notstand. Der Appetit wächst mit dem Essen. Fühlt man sich einmal dessen sicher, was alles man mit den Notstandsgesetzen decken kann, so werden sich Gelegenheiten, sie zu praktizieren, schon finden. Das ist der wahre Grund, warum man dagegen aufs schärfste protestieren muß, daß nun die bislang allmähliche Aushöhlung der Demokratie auch noch legalisiert werde. Zu spät ist es, wenn einmal die Gesetze es erlauben, jene Kräfte außer Aktion zu setzen, von denen erwartet wird, daß sie den Mißbrauch in Zukunft verhindern könnten: eben dazu wird der Mißbrauch es nicht mehr kommen lassen. In der größten erreichbaren Öffentlichkeit ist gegen die Notstandsgesetze zu opponieren wegen des Verdachts der Notstandsfreude derer, die sie erlassen. Daß die Notstandsfreude kein Zufall ist, sondern Ausdruck eines mächtigen gesellschaftlichen Zuges, sollte die Opposition dagegen nicht mindern sondern steigern.

1968

Resignation

Uns älteren Repräsentanten dessen, wofür der Name Frankfurter Schule sich eingebürgert hat, wird neuerdings gern der Vorwurf der Resignation gemacht. Wir hätten zwar Elemente einer kritischen Theorie der Gesellschaft entwickelt, wären aber nicht bereit, daraus die praktischen Konsequenzen zu ziehen. Weder hätten wir Aktionsprogramme gegeben noch gar Aktionen solcher, die durch die kritische Theorie angeregt sich fühlen, unterstützt. Ich sehe ab von der Frage, ob das von theoretischen Denkern, einigermaßen empfindlichen und keineswegs stoßfesten Instrumenten, verlangt werden kann. Die Bestimmung, die ihnen in der arbeitsteiligen Gesellschaft zugefallen ist, mag fragwürdig, sie selber mögen durch sie deformiert sein. Aber sie sind durch sie auch geformt; gewiß können sie, was sie wurden, nicht aus bloßem Willen abschaffen. Das Moment subjektiver Schwäche, das der Einengung auf Theorie anhaftet, möchte ich nicht verleugnen. Für wichtiger halte ich die objektive Seite. Der Einwand, der leicht abschnurrt, lautet etwa: einer, der an der Möglichkeit eingreifender Veränderung der Gesellschaft zu dieser Stunde zweifelt und der darum weder an spektakulären, gewaltsamen Aktionen teilnimmt noch sie empfiehlt, habe entsagt. Er halte, was ihm vorschwebe, nicht für realisierbar, eigentlich wolle er es nicht einmal realisieren. Indem er die Zustände so lasse, wie sie sind, billige er sie uneingestandenermaßen.

Distanz von Praxis ist allen anrüchig. Beargwöhnt wird, wer nicht fest zupacken, nicht die Hände sich schmutzig machen möchte, als wäre nicht die Abneigung dagegen legitim und erst durchs Privileg entstellt. Das Mißtrauen gegen den der Praxis Mißtrauenden reicht von solchen, welche die alte Parole »Genug des Geredes« auf der Gegenseite nachreden, bis zum objektiven Geist der Reklame, die das Bild – das Leitbild nennen sie es – des aktiv tätigen Menschen, sei er Wirtschaftsführer oder Sportsmann, verbreitet. Man soll mitmachen. Wer nur denkt, sich selbst herausnimmt, sei schwach, feige, virtuell ein Verräter. Das feindselige Cliché des Intellektuellen wirkt, ohne daß sie es merkten, tief hinein in die Gruppe jener Oppositionellen, die ihrerseits als Intellektuelle beschimpft werden.

Von denkenden Aktionisten wird geantwortet: zu verändern gelte es, neben anderem, eben den Zustand der Trennung von Theorie und Praxis. Gerade um der Herrschaft der praktischen Leute und des praktischen Ideals ledig zu werden, bedürfe es der Praxis. Nur wird daraus fix ein Denkverbot. Ein Minimales reicht hin, den Widerstand gegen die Repression repressiv gegen die zu wenden, welche, sowenig sie das Selbstsein verherrlichen mögen, doch nicht aufgeben, was sie geworden sind. Die vielberufene Einheit von Theorie und Praxis hat eine Tendenz, in die Vorherrschaft von Praxis überzugehen. Manche Richtungen diffamieren Theorie selber als eine Form von Unterdrückung; wie wenn nicht Praxis mit jener weit unmittelbarer zusammenhinge. Bei Marx war die Lehre von jener Einheit beseelt von der – schon damals nicht realisierten – präsenten Möglichkeit der Aktion. Heute zeichnet eher das Gegenteil sich ab. Man klammert sich an Aktionen um der Unmöglichkeit der Aktion willen. Schon bei Marx allerdings verbirgt sich da eine Wunde. Er mochte die elfte Feuerbachthese so autoritär vortragen, weil er ihrer nicht ganz sicher sich wußte. In seiner Jugend hatte er die »rücksichtslose Kritik alles Bestehenden« gefordert. Nun spottete er über Kritik. Aber sein berühmter Witz gegen die Junghegelianer, das Wort »kritische Kritik«, war ein Blindgänger, verpuffte als bloße Tautologie. Der forcierte Vorrang von Praxis stellte die Kritik, die Marx selbst übte, irrational still. In Rußland und in der Orthodoxie anderer Länder wurde der hämische Spott über die kritische Kritik zum Instrument dafür, daß das Bestehende furchtbar sich einrichten konnte. Praxis hieß nur noch: gesteigerte Produktion von Produktionsmitteln; Kritik wurde nicht mehr geduldet außer der, es werde noch nicht genug gearbeitet. So leicht schlägt die Subordination von Theorie unter Praxis um in den Dienst an abermaliger Unterdrückung.

Die repressive Intoleranz gegen den Gedanken, dem nicht sogleich die Anweisung zu Aktionen beigesellt ist, gründet in Angst. Man muß den ungegängelten Gedanken und muß die Haltung, die ihn nicht sich abmarkten läßt, fürchten, weil man zutiefst weiß, was man sich nicht eingestehen darf: daß der Gedanke recht hat. Ein uralt bürgerlicher Mechanismus, den die Aufklärer des achtzehnten Jahrhunderts gut kannten, läuft erneut, doch unverändert ab: das Leiden an einem negativen Zustand, diesmal an der blockierten Realität, wird zur Wut auf den, welcher ihn ausspricht. Der Gedanke, die ihrer selbst bewußte Aufklärung, droht die Pseudorealität zu entzaubern, in der, nach der Formulierung von Habermas, der Aktionismus sich bewegt. Diesen läßt man nur darum gewähren, weil man ihn als Pseudorealität einschätzt. Ihr ist, als subjektives Verhalten, Pseudo-Aktivität zugeordnet, Tun, das sich überspielt und der eigenen publicity zuliebe anheizt, ohne sich einzugestehen, in welchem Maß es der Ersatzbefriedigung dient, sich zum Selbstzweck erhebt. Eingesperrte möchten verzweifelt heraus. In solchen Situationen denkt man nicht mehr, oder unter fiktiven Voraussetzungen. In der verabsolutierten Praxis reagiert man nur und darum falsch. Einen Ausweg könnte einzig Denken finden, und zwar eines, dem nicht vorgeschrieben wird, was herauskommen soll, wie so häufig in jenen Diskussionen, bei denen feststeht, wer recht behalten muß, und die deshalb nicht der Sache weiterhelfen, sondern unweigerlich in Taktik ausarten. Sind die Türen verrammelt, so darf der Gedanke erst recht nicht abbrechen. Er hätte die Gründe zu analysieren und daraus die Konsequenz zu ziehen. An ihm ist es, nicht die Situation als endgültig hinzunehmen. Zu verändern ist sie, wenn irgend, durch ungeschmälerte Einsicht. Der Sprung in die Praxis kuriert den Gedanken nicht von der Resignation, solange er bezahlt wird mit dem geheimen Wissen, daß es so doch nicht gehe.

Pseudo-Aktivität ist generell der Versuch, inmitten einer durch und durch vermittelten und verhärteten Gesellschaft sich Enklaven der Unmittelbarkeit zu retten. Rationalisiert wird das damit, die kleine Veränderung sei eine Etappe auf dem langen Weg zu der des Ganzen. Das fatale Modell von Pseudo-Aktivität ist das »Do it yourself«, Mach es selber: Tätigkeiten, die, was längst mit den Mitteln der industriellen Produktion besser geleistet werden kann, nur um in den unfreien, in ihrer Spontaneität gelähmten Einzelnen die Zuversicht zu erwecken, auf sie käme es an. Der Unsinn des »Mach es selber« bei der Herstellung materieller Güter, auch bei vielen Reparaturen, liegt auf der Hand. Er ist allerdings nicht total. Bei der Verknappung von sogenannten services, Dienstleistungen, erfüllen zuweilen nach dem technischen Stand überflüssige Maßnahmen, die ein Privatmensch durchführt, einen quasi rationalen Zweck. Das »Mach es selbst« in der Politik ist nicht ganz vom selben Schlag. Die Gesellschaft, die undurchdringlich den Menschen gegenübersteht, sind sie doch selbst. Das Vertrauen auf die limitierte Aktion kleiner Gruppen erinnert an die Spontaneität, die unter dem verharschten Ganzen verkümmert und ohne die es nicht zu einem Anderen werden kann. Die verwaltete Welt hat die Tendenz, alle Spontaneität abzuwürgen, nicht zuletzt sie in Pseudo-Aktivitäten zu kanalisieren. Das wenigstens funktioniert nicht so umstandslos, wie die Agenten der verwalteten Welt es sich erhofften. Jedoch Spontaneität ist nicht zu verabsolutieren, so wenig von der objektiven Situation abzuspalten und zu vergötzen wie die verwaltete Welt selber. Sonst schlägt die Axt im Haus, die nie den Zimmermann erspart, die nächste Tür ein, und das Überfallkommando ist zur Stelle. Auch politische Tathandlungen können zu Pseudo-Aktivitäten absinken, zum Theater. Kein Zufall, daß die Ideale unmittelbarer Aktion, selbst die Propaganda der Tat, wiederauferstanden sind, nachdem ehemals progressive Organisationen sich willig integrierten und in allen Ländern der Erde Züge dessen entwickeln, wogegen sie einmal gerichtet waren. Dadurch aber ist die Kritik am Anarchismus nicht hinfällig geworden. Seine Wiederkehr ist die eines Gespensts. Die Ungeduld gegenüber der Theorie, die in ihr sich manifestiert, treibt den Gedanken nicht über sich hinaus. Indem sie ihn vergißt, fällt sie hinter ihn zurück.

Erleichtert wird das dem Einzelnen durch seine Kapitulation vorm Kollektiv, mit dem er sich identifiziert. Ihm wird erspart, seine Ohnmacht zu erkennen; die Wenigen werden sich zu Vielen. Dieser Akt, nicht unbeirrtes Denken ist resignativ. Keine durchsichtige Beziehung waltet zwischen den Interessen des Ichs und dem Kollektiv, dem es sich überantwortet. Das Ich muß sich durchstreichen, damit es der Gnadenwahl des Kollektivs teilhaftig werde. Unausdrücklich hat sich ein wenig Kantischer kategorischer Imperativ aufgerichtet: du mußt unterschreiben. Das Gefühl neuer Geborgenheit wird bezahlt mit dem Opfer autonomen Denkens. Trügend der Trost, im Zusammenhang kollektiver Aktion werde besser gedacht: Denken, als bloßes Instrument von Aktionen, stumpft ab wie die instrumentelle Vernunft insgesamt. Keine höhere Gestalt der Gesellschaft ist, zu dieser Stunde, konkret sichtbar: darum hat, was sich gebärdet, als wäre es zum Greifen nah, etwas Regressives. Wer aber regrediert, hat Freud zufolge sein Triebziel nicht erreicht. Rückbildung ist objektiv Entsagung, auch wenn sie sich für das Gegenteil hält und arglos das Lustprinzip propagiert.

Demgegenüber ist der kompromißlos kritisch Denkende, der weder sein Bewußtsein überschreibt noch zum Handeln sich terrorisieren läßt, in Wahrheit der, welcher nicht abläßt. Denken ist nicht die geistige Reproduktion dessen, was ohnehin ist. Solange es nicht abbricht, hält es die Möglichkeit fest. Sein Unstillbares, der Widerwille dagegen, sich abspeisen zu lassen, verweigert sich der törichten Weisheit von Resignation. In ihm ist das utopische Moment desto stärker, je weniger es – auch das eine Form des Rückfalls – zur Utopie sich vergegenständlicht und dadurch deren Verwirklichung sabotiert. Offenes Denken weist über sich hinaus. Seinerseits ein Verhalten, eine Gestalt von Praxis, ist es der verändernden verwandter als eines, das um der Praxis willen pariert. Eigentlich ist Denken schon vor allem besonderen Inhalt die Kraft zum Widerstand und nur mühsam ihr entfremdet worden. Ein solcher emphatischer Begriff von Denken allerdings ist nicht gedeckt, weder von bestehenden Verhältnissen noch von zu erreichenden Zwecken, noch von irgendwelchen Bataillonen. Was einmal gedacht ward, kann unterdrückt, vergessen werden, verwehen. Aber es läßt sich nicht ausreden, daß etwas davon überlebt. Denn Denken hat das Moment des Allgemeinen. Was triftig gedacht wurde, muß woanders, von anderen gedacht werden: dies Vertrauen begleitet noch den einsamsten und ohnmächtigsten Gedanken. Wer denkt, ist in aller Kritik nicht wütend: Denken hat die Wut sublimiert. Weil der Denkende es sich nicht antun muß, will er es auch den anderen nicht antun. Das Glück, das im Auge des Denkenden aufgeht, ist das Glück der Menschheit. Die universale Unterdrückungstendenz geht gegen den Gedanken als solchen. Glück ist er, noch wo er das Unglück bestimmt: indem er es ausspricht. Damit allein reicht Glück ins universale Unglück hinein. Wer es sich nicht verkümmern läßt, der hat nicht resigniert.

1969

Drucknachweise

Kritik. – Vortrag für den Süddeutschen Rundfunk, gesendet am 26. 5. 1969; gedruckt in: *Die Zeit,* 27. 6. 1969, S. 22 f.; Wiederabdruck in: *Politik für Nichtpolitiker.* Ein ABC zur aktuellen Diskussion, hrsg. von Hans Jürgen Schultz, Bd. 1, Stuttgart u. Berlin 1969, S. 261 ff.

Auferstehung der Kultur in Deutschland? – Gedruckt in: *Frankfurter Hefte* 5 (1950), S. 469 ff.

Die Freudsche Theorie und die Struktur der faschistischen Propaganda. – In englischer Sprache u. d. T. *Freudian Theory and the Pattern of Fascist Propaganda* gedruckt in: *Psychoanalysis and the Social Sciences,* Vol. 3, ed. G. Róheim, New York 1951, S. 279 ff.; die Übers. von Rainer Koehne gedruckt in: *Psyche* 24 (1970), S. 486 ff.

Individuum und Organisation. Einleitungsvortrag, gehalten auf dem Darmstädter Gespräch am 26. 9. 1953; gedruckt in: *Darmstädter Gespräch, Individuum und Organisation,* hrsg. von Fritz Neumark, Darmstadt 1954, S. 21 ff.; Wiederabdruck in: *Die Herausforderung.* Darmstädter Gespräche, hrsg. von Heinz Winfried Sabais, München 1963, S. 135 ff.

Bemerkungen über Politik und Neurose. – Gedruckt in: *Der Monat* 65, Jg. 6 (1953/54), S. 482 ff. [Antwort auf die redaktionelle Umfrage: »Gibt es politische Neurosen?«]

Wird Spengler rechtbehalten? – Vortrag für den Süddeutschen Rundfunk; gedruckt in: *Frankfurter Hefte* 10 (1955), S. 841 ff.

Zur Bekämpfung des Antisemitismus heute. – Vgl. o. S. 105; gedruckt in: *Erziehung vorurteilsfreier Menschen.* Erste Europäische Pädagogenkonferenz vom 30. Oktober bis 3. November 1962 in Wiesbaden, hrsg. vom Deutschen Koordinierungsrat der Gesellschaften für Christlich-Jüdische Zusammenarbeit, Frankfurt a. M. 1963, S. 15 ff.; Wiederabdruck in: *Das Argument* 29, Jg. 6 (1964), S. 88 ff.

Offener Brief an Rolf Hochhuth. – Gedruckt in: *Frankfurter Allgemeine Zeitung*, 10. 6. 1967, Beilage; Wiederabdruck in: *Theater heute* 8 (1967), Heft 7, S. 1 f.

Gegen die Notstandsgesetze. – Ansprache, gehalten am 28. 5. 1968 in Frankfurt a. M. auf der Veranstaltung »Demokratie im Notstand«; ungedruckt.

Resignation. – Vortrag für den Sender Freies Berlin, gesendet am 9. 2. 1969; gedruckt in: *Politik, Wissenschaft, Erziehung.* Festschrift für Ernst Schütte, Frankfurt a. M. 1969, S. 62 ff.; Wiederabdruck in: *suhrkamp information*, 1. Heft/1970, S. 3 ff. und in: *Theodor W. Adorno zum Gedächtnis.* Eine Sammlung, hrsg. von Hermann Schweppenhäuser, Frankfurt a. M. 1971, S. 9 ff.

Vom selben Verfasser

Ästhetische Theorie. Gesammelte Schriften. Band 7
Herausgegeben von Gretel Adorno und Rolf Tiedemann
Frankfurt 1970

Aspekte der Hegelschen Philosophie
Frankfurt 1957

Aufsätze zur Gesellschaftstheorie und Methodologie
Frankfurt 1970

Drei Studien zu Hegel
Frankfurt 1963. edition suhrkamp 38

Eingriffe. Neun kritische Modelle
Frankfurt 1963. edition suhrkamp 10

Einleitung in die Musiksoziologie.
Zwölf theoretische Vorlesungen
Frankfurt 1962

Erziehung zur Mündigkeit. Vorträge und Gespräche mit Hellmut Becker 1959–1969. Herausgegeben von Gerd Kadelbach. Frankfurt 1970

Impromptus. Zweite Folge neu gedruckter musikalischer Aufsätze
Frankfurt 1968. edition suhrkamp 267

Jargon der Eigentlichkeit. Zur deutschen Ideologie
Frankfurt 1964. edition suhrkamp 91

Kierkegaard. Konstruktion des Ästhetischen
Frankfurt 1962

Klangfiguren. Musikalische Schriften I
Frankfurt 1959

Mahler. Eine musikalische Physiognomik
Frankfurt 1960. Bibliothek Suhrkamp 61

Minima Moralia. Reflexionen aus dem beschädigten Leben
Frankfurt 1969. Bibliothek Suhrkamp 236

Moments Musicaux
Frankfurt 1964. edition suhrkamp 54

Negative Dialektik
Frankfurt 1966

Noten zur Literatur I
Frankfurt 1958. Bibliothek Suhrkamp 47

Noten zur Literatur II
Frankfurt 1961. Bibliothek Suhrkamp 71

Noten zur Literatur III
Frankfurt 1965. Bibliothek Suhrkamp 146

Ohne Leitbild. Parva Aesthetica
Frankfurt 1967. edition suhrkamp 201

Prismen. Kulturkritik und Gesellschaft
Frankfurt 1969

Quasi una fantasia. Musikalische Schriften II
Frankfurt 1963

Stichworte. Kritische Modelle 2
Frankfurt 1969. edition suhrkamp 347

Über Walter Benjamin. Herausgegeben und mit Anmerkungen von Rolf Tiedemann
Frankfurt 1970. Bibliothek Suhrkamp 260

Versuch über Wagner
Frankfurt 1952

Über Theodor W. Adorno
Mit Beiträgen von Kurt Oppens, Hans Kudszus, Jürgen Habermas, Bernard Willms, Hermann Schweppenhäuser und Ulrich Sonnemann
Frankfurt 1968 · edition suhrkamp 249

Theodor W. Adorno zum Gedächtnis
Eine Sammlung, herausgegeben von Hermann Schweppenhäuser. Frankfurt 1971

edition suhrkamp

429 Plötzlich brach der Schulrat in Tränen aus
666 Gilles Deleuze / Claire Parnet, Dialoge
809 G. Heinsohn / B. M. C. Knieper, Spielpädagogik
810 Mario Cogoy, Wertstruktur und Preisstruktur
811 Ror Wolf, Auf der Suche nach Doktor Q.
812 Oskar Negt, Keine Demokratie ohne Sozialismus
813 Bachrach/Baratz, Macht und Armut
814 Bloch/Braudel/L. Febvre u. a., Schrift und Materie der Geschichte
815 Giselher Rüpke, Schwangerschaftsabbruch und Grundgesetz
816 Rainer Zoll, Der Doppelcharakter der Gewerkschaften
817 Bertolt Brecht, Drei Lehrstücke: Badener Lehrstück, Rundköpfe, Ausnahme und Regel
818 Gustav Landauer, Erkenntnis und Befreiung
819 Alexander Kluge, Neue Geschichten. Hefte 1-18
820 Wolfgang Abendroth, Ein Leben in der Arbeiterbewegung
821 Otto Kirchheimer, Von der Weimarer Demokratie zum Faschismus
822 Verfassung, Verfassungsgerichtsbarkeit, Politik. Herausgegeben von Mehdi Tohidipur
823 Rossana Rossanda / Lucio Magri u. a., Der lange Marsch durch die Krise
824 Altvater/Basso/Mattick/Offe u. a., Rahmenbedingungen und Schranken staatlichen Handelns
825 Diskussion der ›Theorie der Avantgarde‹. Herausgegeben von W. Martin Lüdke
826 Fischer-Seidel, James Joyces »Ulysses«
827 Gesellschaft, Beiträge zur Marxschen Theorie 7
828 Rolf Knieper, Weltmarkt, Wirtschaftsrecht und Nationalstaat
829 Michael Müller, Die Verdrängung des Ornaments
830 Manuela du Bois-Reymond, Verkehrsformen zwischen Elternhaus und Schule
831 Henri Lefebvre, Einführung in die Modernität
832 Herbert Claas, Die politische Ästhetik Bertolt Brechts vom Baal zum Caesar
833 Peter Weiss, Dramen I
834 Friedensanalysen 2
835-838 Bertolt Brecht, Gedichte in 4 Bänden
839 Géza Róheim, Psychoanalyse und Anthropologie
840 Aus der Zeit der Verzweiflung. Beiträge von Becker/Bovenschen/Brackert u. a.
841 Fernando H. Cardoso/Enzo Faletto, Abhängigkeit und Entwicklung in Lateinamerika
842 Alexander Herzen, Die gescheiterte Revolution
844 Otthein Rammstedt, Soziale Bewegung
845 Ror Wolf, Die Gefährlichkeit der großen Ebene
847 Friedensanalysen 3

848 Dieter Wellershoff, Die Auflösung des Kunstbegriffs
849 Samuel Beckett, Glückliche Tage
850 Basil Bernstein, Beiträge zu einer Theorie
851 Hobsbawm/Napolitano, Auf dem Weg zum ›historischen Kompromiß‹
852 Über Max Frisch II
853 Brecht-Jahrbuch 1976
854 Julius Fučík, Reportage unter dem Strang geschrieben
856 Dieter Senghaas, Weltwirtschaftsordnung und Entwicklung
857 Peter V. Zima, Kritik der Literatursoziologie
858 Silvio Blatter, Genormte Tage, verschüttete Zeit
859 Russell Jacoby, Soziale Amnesie
860 Gombrich/Hochberg/Black, Kunst, Wahrnehmung, Wirklichkeit
861 Blanke/Offe/Ronge u.a., Bürgerlicher Staat und politische Legitimation. Herausgegeben von Rolf Ebbighausen
863 Gesellschaft, Beiträge zur Marxschen Theorie 8/9
864 Über Wolfgang Koeppen. Herausgegeben von Ulrich Greiner
865 Gesellschaft 12
866 Fichant/Pêcheux, Überlegungen zur Wissenschaftsgeschichte
867 Ernst Kris, Die ästhetische Illusion
868 Brede/Dietrich/Kohaupt, Politische Ökonomie des Bodens
870 Umwälzung einer Gesellschaft. Herausgegeben von Richard Lorenz
871 Friedensanalysen 4
872 Piven/Cloward, Regulierung der Armut
873 Produktion, Arbeit, Sozialisation. Herausgegeben von Th. Leithäuser und W. R. Heinz
874 Max Frisch/Hartmut von Hentig, Zwei Reden zum Friedenspreis des Deutschen Buchhandels 1976
875 Eike Hennig, Bürgerliche Gesellschaft und Faschismus in Deutschland
876 Bolius, Erziehungsroman
877 Starnberger Studien 1
878 Leithäuser/Volmerg/Wutka, Entwurf zu einer Empirie
879 Peter Bürger, Aktualität und Geschichtlichkeit
880 Tilmann Moser, Verstehen, Urteilen, Verurteilen
881 Loch/Kernberg u. a., Psychoanalyse im Wandel
882 Michael T. Siegert, Strukturbedingungen von Familienkonflikten
883 Erwin Piscator, Theater der Auseinandersetzung
884 Politik der Subjektivität. Texte der italienischen Frauenbewegung, Herausgegeben von Michaela Wunderle
885 Hans Dieter Zimmermann, Vom Nutzen der Literatur
886 Gesellschaft, Beiträge zur Marxschen Theorie 10
887 Über Hans Mayer, Herausgegeben von Inge Jens
888 Nicos Poulantzas, Die Krise der Diktaturen
889 Alexander Weiß, Bericht aus der Klinik
890 Bergk/Ewald/Fichte u. a., Aufklärung und Gedankenfreiheit. Herausgegeben und eingeleitet von Zwi Batscha

891 Friedensanalysen 5
892 Franz L. Neumann, Wirtschaft, Staat, Demokratie
893 Georges Politzer, Kritik der Grundlagen der Psychologie
895 Umberto Eco, Zeichen. Einführung in einen Begriff und seine Geschichte
897 Ralph-Rainer Wuthenow, Muse, Maske, Meduse
898 Cohen/Taylor, Ausbruchversuche. Identität und Widerstand
901 Der bürgerliche Rechtsstaat. Herausgegeben von Mehdi Tohidipur
902 Ernest Borneman, Psychoanalyse des Geldes
903 Steven Marcus, Umkehrung der Moral
904 Alfred Sohn-Rethel, Warenform und Denkform
905 Beiträge zur Soziologie der Gewerkschaften. Hrsg. von Joachim Bergmann
906 Brecht-Jahrbuch 1977
907 Horst Kern, Michael Schumann, Industriearbeit und Arbeiterbewußtsein
908 Julian Przybós, Werkzeug aus Licht
910 Peter Weiss, Stücke II
913 Martin Walser, Das Sauspiel mit Materialien. Herausgegeben von Werner Brändle
916 Dürkop/Hardtmann (Hrsg.), Frauen im Gefängnis
917 Bowles S./Gintis H., Pädagogik und die Widersprüche der Ökonomie
918 Klaus-Martin Groth, Die Krise der Staatsfinanzen
920 Tagträume vom aufrechten Gang. Sechs Interviews mit Ernst Bloch, Herausgegeben von Arno Münster
921 Silvia Bovenschen, Die imaginierte Weiblichkeit
922 Anderson, Von der Antike zum Feudalismus
923 Sozialdemokratische Arbeiterbewegung, Band 1, Herausgegeben von Wolfgang Luthardt
925 Friedensanalysen 6
927 Ausgewählte Gedichte Brechts, Herausgegeben von Walter Hinck
928 Betty Nance Weber, Brechts ›Kreidekreis‹
929 Auf Anregung Bertolt Brechts: Lehrstücke. Herausgegeben von Reiner Steinweg
930 Walter Benjamin, Briefe 1 und 2. Herausgegeben von Gershom Scholem und Theodor W. Adorno
932 Jugendarbeitslosigkeit. Herausgegeben von Gero Lenhardt
933 Ute Gerhard, Verhältnisse und Verhinderungen
934 Sozialdemokratische Arbeiterbewegung, Band 2, Herausgegeben von Wolfgang Luthardt
935 Literatur ist Utopie. Herausgegeben von Gert Ueding
936 Berger/Heßler/Kavemann, Brot für heute, Hunger für morgen
937 Labrousse, Lefebvre, Soboul u. a. Geburt der bürgerlichen Gesellschaft 1789. Herausgegeben von I. A. Hartig
938 Habermas, Bovenschen u. a., Gespräche mit Marcuse
939 Thomas Brasch, Rotter Und weiter
940 Simone Weil, Fabriktagebuch
941 Ute Volmerg, Identität und Arbeitserfahrung